W0337868

Judith Brandner
Reportage Japan

Judith Brandner

Reportage Japan

Kratzer im glänzenden Lack

Picus Verlag Wien

Copyright © 2011 Picus Verlag Ges.m.b.H., Wien
Alle Rechte vorbehalten
Grafische Gestaltung: Dorothea Löcker, Wien
Umschlagabbildung: © Worldscapes / www.buenosdias.at
Druck und Verarbeitung: Remaprint, Wien
ISBN 978-3-85452-997-2

Informationen über das aktuelle Programm
des Picus Verlags und Veranstaltungen unter
www.picus.at

Inhalt

Vorwort

Im Herbst 1987 kam ich zum ersten Mal nach Japan. Unvergessen der erste Blick beim Anflug, auf sattgrüne Reisfelder, ein Anblick, in den ich mich sofort verliebte. Ich reist an, um einen Job an der österreichischen Außenhandelsdelegation in Tokyo anzutreten, ein Chauffeur holte mich mit einer schwarzen Limousine vom Flughafen Narita ab und brachte mich in die Dienstwohnung im noblen Stadtviertel Nishi-Azabu nahe Roppongi. Ich kam in ein boomendes, reiches Land. Japan kaufte gerade halb Hawaii auf, die Immobilienpreise in Tokyo erreichten täglich neue, unfassbare Höhen. Der steigende Yen-Kurs war Tagesgespräch, die Lebenshaltungskosten enorm. Eine Tasse Kaffee etwa kostete zwei- bis dreimal so viel wie zu Hause. Westliche Unternehmen versuchten begierig, die Geheimnisse japanischer Management-Theorien zu ergründen. Es war die Zeit der Bubble Economy, die Spirale am Aktien- und Immobilienmarkt schraubte sich schier unaufhaltsam nach oben. Angespornt von staatlichen Parolen zur Ankurbelung des Inlandskonsums, stürmten die Menschen die Glitzerwelten der Kaufhäuser und deckten sich mit Dingen ein, die sie kurze Zeit später wegwarfen. (Sehr zum Entsetzen meiner japanischen Kolleginnen und Kollegen richtete ich meine Wohnung mit Fundstücken vom Sperrmüll ein.) Es herrschte Vollbeschäftigung, und des Abends füllten sich die Restaurants und Bars mit den *sararimen*, den Firmenangestellten, die auf Firmenkosten üppige Gelage feierten. Die Firma bedeutete alles, die Firma war die Familie. Japan war die Familie, Japan war die Firma. Sah man näher hin, entdeckte man bereits damals die blitzblauen Plastikplanen im Park von Ueno, unter denen die Obdachlosen wohnten. Damals noch eine Randerscheinung, weitgehend ignoriert, aber auch geduldet vom Rest der »harmonischen Mittelstandsgesellschaft«, als die sich Japan sah.

Anfang der neunziger Jahre platzte die Blase. Die Banken waren auf ihren faul gewordenen Krediten sitzengeblieben, die durch die überbewerteten Immobilien nicht mehr abgesichert waren. Der Wert der Immobilien war innerhalb kurzer Zeit auf ein Viertel gesunken, der Aktienmarkt zusammengebrochen. Mehrere große Banken und Lebensversicherer hatten Konkurs anmelden müssen, andere waren von der Regierung gerettet worden. Es war der Beginn einer großen Krise.

Deflation und Stagflation wechselten einander ab. 2010 hat China Japan auf der Rangliste der größten Volkswirtschaften überholt. In diesen zwanzig Jahren der Krise besuchte ich Japan viele Male. Jedes Mal zeigte sich der Riss durch die Gesellschaft deutlicher, bekam die glänzende Lackoberfläche mehr und mehr Kratzer.

Im Jahr 2000 schilderte mir der Kulturphilosoph Ken'ichi Mishima in einem Radiointerview das »neue Phänomen« einer zunehmenden Kluft zwischen Arm und Reich und den völligen Mangel an Solidarität in einer Gesellschaft, in der nur Geld und Konsum zählten. Ich habe noch seine drastischen Worte von der »geistig-moralischen Verwahrlosung« der Gesellschaft im Ohr. Es fehle, meinte Mishima damals, ein System, um die aufzufangen, die an den Rand der Gesellschaft gedrängt werden.

Ein Jahrzehnt später fehlt dieses System immer noch. Prekäre Arbeitsverhältnisse, modernes Tagelöhnertum und Armut sind längst keine Randphänomene mehr. Die Firma in der alten Form hat aufgehört zu existieren. Geblieben sind die Menschen. Die Reportagen in diesem Buch werfen einen Blick auf ein Land mit einer nach wie vor glitzernden Oberfläche, unter der es jedoch gärt.

Willkommen im Hotel Ogino!

Meine japanische Familie

»Willkommen im Hotel Ogino!«, sagt die kleine, zierliche Frau mit dem dichten schwarzen Haar. »Bitte treten Sie ein in mein kleines, schmutziges Haus.« Das Einfamilienhaus im Norden von Kyoto, nahe dem Fluss Kamogawa, wird für die nächsten Wochen mein Zuhause, Yoshiko Ogino für viele Jahre meine japanische Großmutter. Ich ziehe in ein Zimmer im oberen Stock ein, der unbenützte Wäscheplatz am Dach wird mein Rauchbalkon. Dezent stellt Frau Ogino einen Aschenbecher bereit und ersucht ab und zu, die Zigaretten immer gut auszudämpfen. Das Haus ist aus Holz.

Kennengelernt hatte ich sie und ihren Sohn Shigeru in Wien, im Sommer 1994. Sie logierten in einer Suite im Hotel Imperial, was mich sehr beeindruckte. Shigeru, der fortan nur »der Ogino-San«, wie die höfliche Anrede für Mann und Frau lautet, sein sollte, hatte eine kleine Ausstellung seiner wunderbaren grünlich-weißen Keramik im Tabakmuseum. Jahre später erzählte der Ogino-San, dass er mit diesem kurzen und ganz und gar außergewöhnlichen Aufenthalt im Luxushotel seiner Mutter einen ganz besonderen Wunsch erfüllt hatte.

Ich ziehe bei Frau Ogino ein, ich weiß nicht, wie ich mich bedanken soll, es ist alles so selbstverständlich, es wird nichts von mir erwartet. Essen soll ich, ja, und das tue ich mit großem Vergnügen, denn gekocht wird ständig, und nie wieder habe ich so gut gegessen.

Frau Ogino kocht. Sie versäumt keine Kochserie im Fernsehen, immer den Notizblock parat. Ich habe sie nie etwas anderes als die Zeitung und Kochbücher lesen sehen.

Sie sei Witwe, schon lang, und seither, erzählt sie mir gleich an einem der ersten Abende, den wir plaudernd und essend in ihrer Küche verbringen, seither koche sie. Ihre Rente sei sehr bescheiden, und so habe sie aus ihrer Leidenschaft, dem Essen, einen Nebenverdienst zur Aufbesserung ihrer Pension gemacht. Sie hält Kochkurse ab. Einmal die Woche, später dann nur mehr alle zwei Wochen und irgendwann nur mehr hin und wieder, trudelt eine kleine Gruppe von Damen mittleren Alters ein, um in Windeseile ein japanisches oder auch europäisches Menü zu kochen und anschließend alles gemeinsam aufzuessen. Frau Ogino plant und organisiert und bereitet vor. So ist die Küche stets auch ein Labor. Und immer fällt etwas ab.

Einmal haben wir gemeinsam Salzburger Nockerl gemacht. Da es ein Probelauf war, haben wir sie sofort zu zweit aufgegessen.

Das Frühstück im »Hotel Ogino« ist westlich – schwarzer Tee mit Milch, Toast mit Butter und Orangenmarmelade. »Hast du gewusst«, sagt Frau Ogino und nimmt einen Schluck Tee, »dass die Japaner bis ins 16. Jahrhundert überhaupt keine Milchprodukte gegessen haben? Milch, Butter und Käse haben uns erst die portugiesischen Missionare gebracht!« »Ich weiß«, sage ich, *»battakusai*

– nach Butter stinkend – war doch ein Schimpfwort für die westlichen Ausländer, oder?« Das ist Frau Ogino etwas peinlich, aber sie nickt.

Die buddhistischen Priester verboten den Verzehr von Fleisch oder Fisch. Erst im 19. Jahrhundert, mit der Öffnung Japans zum Westen und der Modernisierung, kam die Abkehr vom reinen Vegetarismus. Heute ernährt sich vor allem Japans Jugend immer öfter von Fleisch und Fast Food amerikanischen Stils. Man sieht es ihnen auch an – sie werden immer größer und immer dicker. Nur die Alten essen immer noch hauptsächlich Gemüse, Sojaprodukte, Fisch und Meerestiere. Vielleicht auch eines der Geheimnisse, warum die Lebenserwartung in Japan die höchste der Welt ist – Männer werden im Schnitt achtzig, Frauen sechsundachtzig Jahre alt.

Frau Ogino ist neugierig auf jede Küche der Welt und isst sogar Käse, ohne eine Miene zu verziehen. Ab und zu begleite ich sie bei ihren Einkäufen auf den Nishiki, den berühmten Lebensmittelmarkt von Kyoto. Wie in Japan üblich, kosten wir uns durch das Angebot auf den Marktständen. »Interessiert es dich, wie der Fisch auf den Markt kommt?«, fragt Ogino-San eines Tages. Er liebt es, mit seinen ausländischen Gästen seine Stadt neu zu entdecken. Und er ist Frühaufsteher.

Die Vorbereitungen für die Versteigerung beginnen um etwa zwei Uhr morgens. Da kommen die ersten Lastwagen und laden ihre Fracht ab. So zeitig sind wir allerdings noch nicht da. Wir kommen etwa um fünf, da ist bereits alles abgeladen und die kleineren Fische sind in Styroporkisten verteilt, die großen, bis zu zweihundert Kilogramm schweren Thunfische liegen auf Holzbrettern auf dem Boden. Die Ware ist fein säuberlich beschriftet und gibt Sorte, Gewicht und Herkunftsland an. Riesige Mengen an Eis und ständige Zufuhr von Frischwasser, das mit kleinen Schläuchen in die Behälter geleitet wird, sorgen in der Halle für äußerste Sauberkeit.

Mittlerweile haben sich die Großhändler eingefunden, die die Fische ersteigern werden. Ogino-San stapft herum, zeigt sich überaus interessiert, stellt den Fischverkäufern Fragen und übersetzt für mich vom Kyoto-Dialekt ins Hochjapanische. Pünktlich um zwanzig Minuten nach fünf wird der Beginn der Auktion eingeläutet. Der Spaß kann beginnen. Der Lärmpegel steigt. Die einzelnen Versteigerungen, die von blau gekleideten Stadtbeamten durchgeführt werden, beginnen an allen Ecken und Enden der Halle gleichzeitig. Der Auktionator steht auf einer Bank, um sich besser Gehör zu verschaffen, die Käufer gruppieren sich rundherum. Der eigentümliche Singsang der Beamten, in dem sie die Preise ausrufen, ist eine eigene Fischmarktsprache – kaum verständlich nicht nur für Ausländer, sondern auch für branchenfremde Japaner. Die Stimmung ist heiter und ausgelassen. Ogino-San ist es auch, er ist wieder einmal begeistert von seiner Heimatstadt Kyoto und davon, was er alles erfahren hat. Um sechs Uhr ist alles vorbei, das meiste verkauft. Käufer und Verkäufer packen ein. Wir tun das Naheliegende und genehmigen uns in einem Marktlokal eine Portion Sushi, sehr frisch. Ogino-San trinkt sein erstes Bier.

Am nächsten Tag brennen fünf Hausfrauen darauf, neue Köstlichkeiten der japanischen Küche auszuprobieren. Frau Ogino hat das Menü zusammengestellt, Zutaten und Mengen berechnet, eingekauft, die Rezepte aufgeschrieben und für alle kopiert. Sieben verschiedene Speisen stehen auf dem Programm.

Die Schülerinnen sitzen rund um den Küchentisch, stärken sich erst einmal mit grünem Tee und kleinen Süßigkeiten und tauschen den neuesten Tratsch aus. Frau Ogino mahnt zur Arbeit, liest den Menüplan vor und teilt die einzelnen Tätigkeiten zu.

Fisch, Suppe, Reis und sogenannte *tsukemono* – eingelegte, pikante Beilagen – sind in verschiedenen Variationen die Basis jedes japanischen Essens. Heute gibt es getrocknete Kürbisstreifen, zu hübschen Schleifen zusammengebunden und mit scharfer Knoblauch-Chili-Soße mariniert; Weizengluten, vermischt mit Gurke, Sesampaste und eingelegtem Ingwer; Tofu-Spießchen mit süßem Miso; grüne Erbsensuppe mit weißem Fisch als Einlage; mit weißem und schwarzem Sesam panierten, gebratenen Lachs sowie Reis, vermischt mit gebratenen Aalstückchen und Ingwer. Und ausnahmsweise zum Abschluss etwas Süßes: Reismehlknödelchen mit süßem Bohnenmus.

Ernsthaft und konzentriert machen sich die Damen an die Arbeit. Es ist ein eingespieltes Team, die Arbeitsteilung funktioniert gut. Bald wird geschnitten und gehackt, gerührt und gemischt, der Fisch entgrätet, der Reis gekocht und kühl gefächelt, der Lachs in Eiweiß, Reismehl und Sesam gewendet. Eine der Frauen steht am Herd, eine sorgt an der

Spüle für Ordnung. Am zeitaufwändigsten ist das händische Pürieren der Erbsen, doch Frau Ogino besteht darauf, dass kein Mixer verwendet werden darf – schließlich könnten Schalenreste in der Masse verbleiben. Sie überwacht das Geschehen, tadelt sanft, korrigiert, gibt Hinweise und Tipps für besseres Gelingen. Eineinhalb Stunden vergehen wie im Flug – dann wird in Windeseile der große Küchentisch abgeräumt, saubergemacht und aufgedeckt. Die frisch zubereiteten Speisen kommen in die Mitte, immer wieder zupft eine der Frauen an der Dekoration, legt die Zitronenscheibe anders, arrangiert die Okraschote neu, gibt da und dort noch ein Blättchen als Garnitur dazu. Dann wird fotografiert und mit einem *itadakimasu* – Mahlzeit! – fällt der Startschuss zum gemeinsamen Essen, das sich bis in die Nachmittagsstunden hinziehen wird.

An ruhigen Abenden, wenn das Kochbuch zugeschlagen und der Fernseher ausgeschaltet bleibt, erzählt Frau Ogino von früher. Von den Bombenangriffen der Amerikaner. Von Armut, Hunger und Not während des Krieges. Von der Propaganda, die den Japanern erklärte, dass das Land zu klein sei, um alle ernähren zu können, und man daher neuen Lebensraum in der Mandschurei gewinnen, in andere Länder expandieren müsse. Japan habe keinen Krieg gewollt und den Krieg auch nicht begonnen, so habe sie es gehört, in ihrer Kindheit, in ihrer Jugend und als junge Frau. Englisch war verboten, das sei der Grund, weshalb sie heute nicht Englisch spreche, das bedauere sie sehr.

Viele Male, erzählt sie, habe sie ihr Rucksäckchen gepackt und sei kilometerweit zu ihren Verwandten gelaufen, weil alles zerbombt war. Im Jänner 1995, als die Erde in Kobe so heftig bebt, dass auch Kyoto erschüttert ist, packt sie wieder ihren Rucksack und läuft zu ihren Verwandten, weil die Verkehrsverbindungen zusammengebrochen sind. Und spricht immer häufiger vom Krieg.

Da bin ich schon ausgezogen. Sie hat mit mir Maklerbüros abgeklappert, zahlreiche schmutzige Löcher besichtigt und schließlich – entsetzt über die Hürden, mit denen Ausländer bei der Wohnungssuche konfrontiert sind, wenn ihnen denn überhaupt Wohnungen vermietet werden – sämtliche Bürgschaften übernommen, die für die nette Einzimmerwohnung im Zentrum von Kyoto verlangt werden. Wäre ich damals in einer Nacht- und Nebelaktion verschwunden, sie hätte an den Bürgschaften gezahlt bis an ihr Lebensende. Nach dem Motto »was für eine Verschwendung, für so kurze Zeit Dinge anzuschaffen« findet sich auf dem Dachboden des Hotel Ogino die notwendige Einrichtung – ein niedriges Tischchen, Bettzeug und Geschirr. Eine Entschuldigung murmelnd steuert Sohn Ogino einen alten roten Fernsehapparat bei, der nur funktioniert, wenn man ein Essstäbchen an der richtigen Stelle hineinsteckt.

Regelmäßig ruft Frau Ogino bei mir an, fragt nach dem Fortgang meiner Studien und meldet, dass sie wieder eine bescheidene Mahlzeit hätte und ob ich ihr nicht Gesellschaft leisten wolle, und ich radle auf dem alten Fahrrad, das sie mir besorgt hat, zu ihr hinaus.

Irgendwann ist der Sprachkurs absolviert, sind die Recherchen abgeschlossen.

Jede Japanreise in den folgenden fünfzehn Jahren hat einen Fixpunkt: Kyoto und die Oginos. Stets kommt der Ogino-San in seinem Geländewagen zum Bahnhof und holt mich ab, stets mit einem fröhlichen Gesicht, hocherfreut über das Wiedersehen und die Perspektive eines guten gemeinsamen Abendessens. Wie die Zeit vergeht, lässt sich an den Rostflecken und Kratzern an seinem Auto ablesen; ein neues kann er sich nach Scheidung und früher Pensionierung nicht leisten. Irgendwann in all den Jahren lernen die Oginos meinen »Mister« kennen, wie Frau Ogino kichernd sagt, das einzige englische Wort, das ich je von ihr gehört habe, und sie bewirtet ihn mit besonderer Hingabe. Bei jedem Besuch knüpfen wir an, wo wir aufgehört haben. Nie stellen wir einander bohrende Fragen und spüren doch die Veränderungen. Wir haben eine gemeinsame Geschichte und lachen in Erinnerung.

Beim letzten Besuch ist eine Konversation kaum mehr möglich. Frau Ogino geht auf die neunzig zu und leidet an Alzheimer. Sie redet ohne Unterlass, springt zwischen Zeiten und Personen. Ich kann ihr nicht mehr folgen.

Den Ogino-San treffen »Mister« und ich Ende 2009 im Norden von Thailand, wo er sich einen Alterssitz einrichtet. Er kommt von weither auf einem kleinen Motorrad angeknattert, nur um uns zu sehen und um mit uns ein Bier zu trinken.

Immer wenn ich im österreichischen Winter den hellblauen Kaschmirschal umbinde, den Frau Ogino mir beim letzten Treffen geschenkt hat, reise ich für einige Augenblicke zurück in ihre Küche, sehe sie herumhantieren oder vor ihrem Einkaufszettel sitzen, auf dem sie notiert, was sie am nächsten Tag für den Kochkurs einkaufen wird. Ich sehe ihre Schrift, flüchtig hingeworfen wie in den Briefen, die sie mir lange Jahre zu Neujahr geschrieben hat und die ich irgendwann selbst mit Hilfe japanischer Freunde in Wien nicht mehr entziffern konnte. Manchmal fällt aus meinen Kochbüchern einer ihrer Rezeptzettel heraus, versehen mit meinen eigenen Notizen auf Deutsch. Ich sehe den beige-rot gemusterten Suppentopf, in dem sie ihre wunderbaren Fondues serviert hat, und habe den Geschmack ihrer grünen Bohnen in Miso-Sesam-Soße auf dem Gaumen.

Wer einmal unten ist, kommt nie wieder hinauf

Working Poor, Internetcafé-Flüchtlinge und Obdachlose

Die private Seibu-Bahnlinie in die Präfektur Saitama fährt praktischerweise direkt vom Seibu-Kaufhaus ab. So können die Reisenden, vor allem Pendlerinnen und Pendler, noch nötige und unnötige Einkäufe erledigen, während sie auf ihren Zug warten. Der Departmentstore ist eines der Subzentren im Tokyoter Stadtviertel Ikebukuro. Die Umgebung ist ein Gewirr an Fressgassen, in denen sich ein Lokal ans andere reiht. Abends, nach Büroschluss, im gnädigen Licht von Leuchtreklamen und Lampionbeleuchtung, ist die Stimmung hier erwartungsvoll, fast romantisch, bis sie dann, kurz bevor die letzten Züge fahren, in eine Szenerie aus Betrunkenen und Erbrochenem kippt.

Im grellen Licht der Mittagssonne werden die Provisorien sichtbar, das Schmutzige, Abgewohnte und Abgenutzte. Es riecht nach abgestandenem Fett, nach Abfällen, zu stark nach Fisch, als dass man noch Lust auf Sushi bekäme. Der propere Glitzer des Seibu-Kaufhauses endet an seinem Ausgang.

Die Filiale der populären Kaffeehauskette Doutor Coffee müsste dringend wieder einmal renoviert werden – die Wände sind verfärbt vom Zigarettenrauch, die Teppichböden abgetreten und schleißig. Die Verkäuferinnen in ihren adretten Uniformen, deren Höflichkeit im Wissen um ihren Stundenlohn noch bemerkenswerter erscheint, wird man später wieder treffen, in einer der U-Bahnen, die Tokyos Untergrund baumkuchenartig durchziehen. Dann schlafen sie oder spielen mit ihren Handys, mit denen sie in den öffentlichen Verkehrsmitteln nicht mehr telefonieren dürfen (aus Rücksicht auf den Nächsten), und ihre jungen Gesichter zeigen deutliche Spuren von Müdigkeit und Erschöpfung.

Bushi ist ein kleiner Ort irgendwo in der Präfektur Saitama. Kazufumi Kinjo trägt wie vereinbart ein schwarzes T-Shirt und eine schwarze Hose und sieht auch sonst aus wie beschrieben: Vollbart, langes, gekräuseltes Haar. Er hat seinen Freund mitgebracht, Keishi Yamanaka, der sein langes, glattes Haar zu einem Pferdeschwanz zusammengebunden hat. Yamanakas kurze Hosen fallen auf, in einem Land, in dem kaum jemand je kurze Hosen trägt. Die beiden lächeln mich freundlich an. Ich attribuiere ihnen spontan: sanftmütig. Wir gehen in einen Park und lassen uns auf den Stufen eines kleinen Tempels nieder.

»Schlecht riechenden Menschen und Leuten mit unsauberer Kleidung ist der Eintritt verboten«, warnt ein Schild vor einem »Manga-Kissa« in Tokyo, einem der omnipräsenten Internetcafés. Dabei hätte das Etablissement selbst dringend ein Facelifting nötig. Die Luft ist abgestanden, stickig, verraucht. Die Kabine, die mir zugewiesen wird, ist winzig: ein niedriges Sofa mit braunem, schäbigem Bezug. Auf einem Tischchen davor ein PC. Um die

Tastatur verwenden zu können, sind einige Verrenkungen notwendig. Für die Benutzung des Internetcafés gibt es Kurztarife für fünfzehn Minuten, eine oder auch zehn Stunden, Tages- oder Nachttarife und dabei die Wahl zwischen verschiedenen Sitz- oder Schlafgelegenheiten, Dusche inkludiert. Je nach Package kostet das zwischen siebzig Cent und fünfundzwanzig Euro, inbegriffen sind warme und kalte Getränke. Für ein Handtuch werden siebzig Cent extra verrechnet. Billige kleine Speisen gibt es aus dem Automaten. Eine attraktive Alternative zu teuren Hotels, für Menschen auf der Durchreise, Pendler, die den letzten Zug versäumt haben, oder »freiberufliche« Prostituierte. Dass die Internetcafés zunehmend zu Anbahnungsorten für Prostitution werden, hat dazu geführt, dass nun alle Besucher strenger kontrolliert und ihre Personalien aufgenommen werden.

Die Zeitung *Kyoto Shimbun* brachte im Mai 2008 die dramatische Story eines Tagelöhners, der sich an manchen Tagen von mehreren Litern Gratissaft im Internetcafé ernährte. Mahlzeiten konnte er sich nur mehr fallweise leisten – er verdiente in seinem Zwölf-Stunden-Job sechzig Euro, dreimal die Woche. Menschen wie er haben auf dem hochpreisigen japanischen Immobilienmarkt, wo für das Anmieten einer Wohnung Nebengebühren in mehrfacher Höhe der Monatsmiete anfallen und stets ein Bürge notwendig ist, keine Chance. Und so werden die Internetcafés in Japan zunehmend zu Notunterkünften für die, die am Rand der Gesellschaft stehen.

Ein Aufschrei ging durchs Land, als das japanische Gesundheitsministerium 2006 Schätzungen veröffentlichte, wonach rund fünfeinhalbtausend Menschen in Internetcafés leben – vor allem junge Leute bis fünfunddreißig, die keinen fixen Job haben, oder Tagelöhner. Die Medien haben für sie den Ausdruck *netkafe nanmin* – Internetcafé-Flüchtlinge – geprägt. Besser geworden ist die Situation dadurch nicht.

Auf den Tempelstufen in Bushi erzählt Kazufumi Kinjo von seinem sozialen Abstieg. Nachdem er jahrelang für rund fünf Euro die Stunde als Tagelöhner am Bau gearbeitet hat, ist der Achtunddreißigjährige heute körperlich und psychisch am Ende. Er leidet an Depressionen, die er mit Medikamenten bekämpft. Familiäre Unterstützung bekommt er nicht. Sein Vater ist gestorben, seine Mutter lebt in der Psychiatrie, zu seinen beiden Brüdern hat er keinen Kontakt. Geboren wurde Kazufumi Kinjo in Japans südlichster Präfektur Okinawa, dem Armenhaus Japans. Mit siebzehn schmiss er die Mittelschule und ging nach Tokyo, in der Hoffnung auf Arbeit. Er fand einen Job am Bau und wohnte zunächst in der Arbeiterbaracke – in einem Raum ohne Privatsphäre, mit einer Gemeinschaftsdusche und schlechtem Essen. Die Kosten für die Unterkunft wurden ihm von Lohn abgezogen. In der Hochkonjunkturphase konnte er rund hundert Euro pro Tag verdienen. Irgendwann mietete er eine kleine Wohnung. Dann wurde seine Mutter schwer krank. Er bezahlte ihre Rechnungen für Medikamente und Krankenhausaufenthalte, bis er seine eigene Miete nicht mehr zahlen konnte und auf der Straße stand. Er hing im Park herum, übernachtete dann und wann bei Freunden, fand einen Job, erholte sich, verlor die Arbeit, wurde abermals obdachlos. Wenn er Geld hatte, übernachtete er in einem der Kapselhotels mit ihren sargähnlichen »Zimmern« oder im Internetcafé. Arbeit fand er nicht mehr: »Irgendwann wird man zum Wrack. Man hat schmutzige Kleider, einen langen Bart und ungewaschene Haare und wird überall abgelehnt«, erzählt Kinjo-San und fügt hinzu: »Wenn man in der japanischen Gesellschaft einmal unten ist, kommt man nie wieder hinauf.«

Früher einmal träumte er davon, Schriftsteller zu werden. Träume, die er längst begraben hat. Auch sein Freund, der bis vor rund zehn Jahren in der Redaktion einer Zeitschrift arbeitete, bis diese in Konkurs ging und er gekündigt wurde, glaubt mit Ende Dreißig nicht mehr daran, den Wiedereinstieg in die Gesellschaft zu schaffen.

Die beiden Männer leben heute von der staatlichen Sozialhilfe – rund achthundertachtzig Euro monatlich. Die Hälfte geht für das Ein-Zimmer-Apartment in Bushi drauf, das sich die beiden teilen. Dass er überhaupt Sozialhilfe bekommt, verdankt Kazufumi Kinjo der Tokyoter NGO Moyai, die sich für die Gestrandeten einsetzt. An sie wandte er sich, als er das erste Mal auf der Straße stand. Denn wer sich im Sozialsystem nicht auskennt oder nicht über ausreichende Hartnäckigkeit verfügt, wird von den Behörden abgewiesen. Viele lassen sich erst gar nicht auf die unangenehme Auseinandersetzung ein. Geld vom Staat zu nehmen und nicht selbst zu arbeiten, ist in Japan mit großer Scham behaftet. Kazufumi Kinjo erzählt: »Sehr oft hört man in Japan die Redewendung: Das ist das Gesetz des Dschungels. Also: Schwache sollen ruhig sterben!«

Es sei schwierig, in Japan Sozialhilfe zu bekommen, bestätigt auch Momoko Izutsu vom Nationalen Gewerkschaftsdachverband Zenroren, obwohl es klare gesetzliche Regelungen gebe. Die Behörden fragten beispielsweise nach, ob die Betroffenen denn nicht von Verwandten unterstützt werden könnten. Insgesamt fehle das Bewusstsein in der Gesellschaft, dass es einen Anspruch auf Hilfe vom Staat gibt, wenn man sich alleine nicht mehr durchbringen kann.

Dienstags ist »Parteienverkehr« in der Beratungsstelle Moyai im Tokyoter Stadtviertel Iidabashi. Um die Mittagszeit ist der winzige Empfangsraum der NGO voll mit wartenden Klienten, die zum Teil einen verwahrlosten und erschöpften Eindruck machen. Vierzig Hilfesuchende, viele von ihnen mit psychischen Problemen, seien an diesem Tag schon betreut worden, erzählt der Leiter der NGO, Makoto Yuasa. Der Andrang an Hilfesuchenden – Obdachlosen, Internetcafé-Flüchtlingen, Arbeitslosen oder Working Poor – werde täglich mehr. Seine Analyse der Situation: Die Lage am Arbeitsmarkt habe sich so verschlechtert, dass viele überhaupt herausfielen oder von ihren schlecht bezahlten Jobs nicht mehr leben könnten. Zudem sei das soziale Sicherheitsnetz überaus schwach. Nur wenige nehmen die Arbeitslosenunterstützung in Anspruch, die es zudem nur mehr für neunzig Tage gibt, zitiert Yuasa eine Statistik aus dem Jahr 2006, wonach nur 21,8 Prozent aller Arbeitslosen Arbeitslosengeld bezogen haben.

Der gelernte Sozialwissenschaftler gründete Moyai 2001 mit dem Ziel, für Menschen, die auf der Straße stehen, zu bürgen, damit sie wieder eine Wohnung mieten können. Unterstützung vom Staat oder von der Stadt Tokyo bekommt Moyai nicht. Die NGO finanziert sich aus den Zuwendungen multinationaler Konzerne. Für eine japanische Firma wäre es ein zu großes Geschäftsrisiko, eine Hilfsorganisation für Obdachlose zu unterstützen, erklärt Yuasa.

Während noch vor einigen Jahren die Pappkarton- und Zeltsiedlungen der Obdachlosen am Bahnhof Shinjuku, im Park von Ueno oder am Ufer des Sumidagawa zum Stadtbild gehörten, sorgt Tokyos rechter Langzeitgouverneur Shintaro Ishihara in seiner dritten Amtsperiode für öffentliche Sauberkeit. Die Stadt Tokyo gehe massiv gegen die Obdachlosen vor, erzählt Makoto Yuasa. In den Parks des Bezirks Sumida patrouilliere rund um die Uhr Wachpersonal. Obdachlose würden aufgegriffen und vertrieben.

Das japanische Sozialsystem passe nicht zur neuen Zeit des Neoliberalismus, meint Yuki Honda von der sozialwissenschaftlichen Abteilung der Universität Tokyo. Denn bis in die neunziger Jahre sorgten die großen Firmen für die soziale Sicherheit ihrer Angestellten, seither aber sinkt die Zahl der Fixangestellten und damit derer, die den sozialen Schutz der Firmen genießen: »Da gleichzeitig ein staatliches Sicherheitsnetz fehlt, hat sich die Zahl der sozialen Verlierer drastisch erhöht.« Globalisierung und Neoliberalismus auf der einen und die japanische soziale Tradition auf der anderen Seite ergeben eine fatale Mischung, meint auch der Ökonom Makoto Kumazawa, der 2008 ein Buch über die immer größer werdende soziale Kluft in der japanischen Gesellschaft geschrieben hat. Früher ruhte die japanische Gesellschaft auf drei Säulen: Familie, Schule, Firma. Die Firma übernahm die Funktion des Sozialsystems, die Frau war zu Hause und versorgte die Familie, die jungen Leute gingen zur Schule und auf die Universität und sicherten sich bei guten Erfolgen einen guten Job. Doch so funktioniert das nicht mehr: »Das Sozialsystem ist weiterhin schwach ausgeprägt, gleichzeitig aber ist auch der Arbeitssektor geschwächt.« Heute findet ein Drittel aller Universitätsabgänger nur mehr unregelmäßige Beschäftigung, bei einem durchschnittlichen Jahreseinkommen von elftausend Euro. Damit ist der Lebensunterhalt selbst in einer billigen Wohnung nicht bestreitbar. Die Armutsgrenze liegt in Japan bei einem Jahreseinkommen von vierzehntausendfünfhundert Euro. Auf der Strecke bleiben vor allem die allein lebenden, unregelmäßig beschäftigten jungen Leute, die in Japan *freeta* genannt werden, Job-Hopper. Die Job-Hopper und Tagelöhner arbeiten auf dem Bau, als Wächter, in 24-Stunden-Geschäften oder in der riesigen und vielfältigen Gastronomieszene. Yuki Honda: »Wenn jemand krank wird, eine Woche lang nicht arbeiten kann und daher den Job verliert, kann er seine Miete nicht mehr bezahlen und steht auf der Straße. Der Weg führt direkt in die Obdachlosigkeit oder zu einer Existenz als Internetcafé-Flüchtling.«

Nach einem OECD-Bericht von 2006 ist die relative Armutsrate in Japan die vierthöchste im OECD-Raum. Neunzehn Millionen Menschen leben unter der Armutsgrenze. Besonders betroffen sind Alleinerzieherinnen, Alleinerzieher und alte Menschen. Ein Grund für die zunehmende Ungleichheit ist unter anderem die rapide alternde Gesellschaft – drei Viertel der Sozialausgaben kommen den Alten und Pflegebedürftigen zugute. Dreißig Prozent der Beschäftigten sind heute irregulär beschäftigt, zu einem Stundenlohn, der nur vierzig Prozent des Stundenlohns von Vollzeitbeschäftigten beträgt. Dazu kommt, dass die Mindeststundenlöhne in Japan extrem niedrig und regional unterschiedlich sind. Jede der siebenundvierzig Präfekturen legt ihren eigenen Mindeststundenlohn fest. In Tokyo sind es umgerechnet fünf Euro zwanzig, in den armen Regionen Okinawa oder Aomori nur vier Euro vierzig. »Die niedrigen Mindestlöhne sind zu einem Gutteil am Phänomen der Working Poor schuld«, sagt Gewerkschafterin Momoko Izutsu vom Dachverband Zenroren. Zenroren kämpfe seit Langem für eine Anhebung des Mindestlohns, entgegnet Izutsu der Kritik an der laschen Haltung der Gewerkschaften. Auf Betreiben der Gewerkschaft sei der gesetzliche Mindestlohn 2008 im landesweiten Durchschnitt um vierzehn Yen erhöht worden, das entspricht in etwa zehn Cent. Zu wenig, gibt Izutsu zu: »Zenroren fordert landesweit einen einheitlichen Mindeststundenlohn von tausend Yen, umgerechnet sieben Euro dreißig. Das ist gewiss nicht zu viel, denn auch bei Vollzeitbeschäftigung kann man in Japan von tausend Yen pro Stunde kaum leben.«

In den Medien tauchen seit einigen Jahren immer wieder Berichte über Menschen auf, die verhungert sind. Makoto Yuasa kennt aus seiner Arbeit mit Obdachlosen und als Vorsitzender des »Netzwerks gegen Armut« Dutzende Fallbeispiele von Menschen, die durch das grobmaschige Netz gerutscht sind. Einige hat er in einem Buch dokumentiert, das 2008 im Verlag *Iwanami* herausgekommen ist. Im Mai 2006 werden in der südjapanischen Stadt Kitakyushu die mumifizierten Überreste eines sechsundfünfzigjährigen Mannes gefunden. Er war verhungert. Bei den Ermittlungen stellte sich heraus, dass der Mann wiederholt Anträge auf Sozialhilfe gestellt hatte, jedes Mal aber mit der Begründung abgewiesen worden war, dass er zwei Söhne habe und deren Hilfe in Anspruch nehmen solle. Sein jüngerer Sohn jobbte in der Nacht in einem Vierundzwanzig-Stunden-Geschäft; das war sein einziges Einkommen. Welche Bürde das schwache Sozialsystem Familien und Verwandten auflastet, zeigt auch der folgende Fall, den Makoto Yuasa in seinem Buch schildert:

Im Februar 2006 erdrosselt ein vierundfünfzigjähriger Mann in der Stadt Kyoto seine sechsundachtzigjährige Mutter. Anschließend fügt er sich selbst erhebliche Schnittwunden zu und versucht sich an einem Baum zu erhängen. Ein Passant entdeckt ihn und rettet ihm das Leben. Die vorausgegangenen zehn Jahre lang hatte sich der Täter um seine demenzkranke Mutter gekümmert. Im Alter von siebenundvierzig Jahren fiel seine Anstellung Restrukturierungsmaßnahmen zum Opfer. Er heuerte bei einer Leiharbeitsfirma an. Die Krankheit seiner Mutter verschlimmerte sich rapide, insbesondere, als sie der Sohn in eine Tagesheimstätte brachte, um weiterhin arbeiten gehen zu können. Er beschloss, zu kündigen und vom Arbeitslosengeld zu leben. Doch am Sozialamt der Stadt Kyoto erhielt er nur den Rat, durchzuhalten und weiterzuarbeiten. Drei Monate lang bekam er Arbeitslosengeld, dann nichts mehr. Irgendwann war alles Geld aufgebraucht und er konnte die Miete nicht mehr bezahlen. Da er niemandem zur Last fallen und niemanden um Hilfe bitten wollte, kündigte er seiner Mutter die Tat an. Sie war einverstanden. Diese Tatsache und die »aufopfernde jahrelange Pflege der Mutter« bewogen das Gericht zu einem milden Urteil: zweieinhalb Jahre auf Bewährung. In seiner Begründung sprach das Gericht in Kyoto zudem einen beispiellosen Verweis in Richtung Bürokratie aus: Man könne ohne Übertreibung sagen, dass die Arbeit der Sozialbehörden in Japan sehr fragwürdig sei. Dieser Fall mache deutlich, dass sich etwas ändern müsse.

Japan ist das drittreichste Land der Welt, nach Bruttoinlandsprodukt und Kaufkraftparität. Shoppingtempel und Restaurants sind voll. »Ja«, sagt Kazufumi Kinjo, »Japan macht den Eindruck eines reichen Landes. Aber leider gilt das nur für die Leute, die am oberen Teil der Pyramide stehen. Für die am unteren Ende ist das Leben ziemlich hart!«

Charles McJilton und das bürokratische Ballett

Bei den Obdachlosen von Shinjuku, Sanya und Sumidagawa

1984 kommt ein junger Amerikaner aus Minnesota erstmals nach Japan. Er ist Angehöriger der US-Navy und wird für zwei Jahre am Militärstützpunkt Yokosuka in der Bucht von Tokyo stationiert. Dann kehrt er heim. Irgendetwas Einschneidendes ereignet sich in seinem Leben und er beschließt, katholischer Priester zu werden. Er schreibt an einen Jesuiten in Japan. 1991 ist Charles McJilton wieder in Tokyo, wird Student an der Sophia-Universität und nimmt bei katholischen Brüdern Quartier in Sanya, im traditionellen Tagelöhnerviertel im Nordosten der japanischen Hauptstadt. Er stellt fest, dass Sanya, das sich auf keiner Karte findet, nicht ein Slumviertel ist, wie es sie vielerorts auf der Welt gibt. Aber er sieht, dass in Sanya die Gestrandeten leben, die »Outcasts« der Gesellschaft wie Ainu oder Koreaner, er sieht, dass hier Menschen auf der Straße schlafen und sich täglich aufs Neue für einen Tagesjob in der Bauindustrie anstellen. Heute wird Sanya als besonders trendiger Tipp für Billigreisende und Rucksacktouristen gehandelt (»A Travel Guide to Tokyo's Coolest Ghetto«), weil es dort Zimmer für rund dreizehn Euro die Nacht gibt.

Charles McJilton, der ehemalige amerikanische

Soldat, will helfen, etwas tun, will ein Wohnheim für obdachlose Männer errichten. Er scheitert am Widerstand der Besitzer der *doya*, der Billighotels, die ihre Tagelöhnerklientel nach Strich und Faden ausbeuten und sich das nicht – und gewiss nicht von einem Amerikaner! – streitig machen lassen wollen. Die katholische Kirche findet seine Idee, ein Obdachlosenheim zu errichten, zwar gut, gibt ihm jedoch nicht die Autorität, etwas in die Wege zu leiten, da er weder Priester noch Missionar ist. Er blickt mehr und mehr hinter die Kulissen und muss langsam erkennen, dass es ihm nicht gelingen wird, die vierzehn privaten Hilfsorganisationen, die den Obdachlosen in Sanya, Shinjuku und am Fluss Sumidagawa helfen, unter ein Dach zu bringen. Er stellt fest, dass die Gewerkschaft der Tagelöhner mehr für ihre Leute tut als die Kirche, sie kauft zum Beispiel ein Grundstück und baut dort Gemüse für die Obdachlosen an.

1996 sagt ihm eine innere Stimme: »Ich will, dass du zum Fluss gehst.« Er zieht ans Ufer des Sumidagawa. Fünfzehn Monate lang wohnt er in einem Pappkartonhaus, Seite an Seite mit den anderen Obdachlosen, an der Adresse: Sumidagawa, Haus Nr. 51. Neben Handtuch und Seife ermöglicht ihm sein Mobiltelefon, den Schein nach außen zu wahren. Jeden Morgen zieht er Anzug und Krawatte an und geht zur Arbeit.

Unsere Wege kreuzen sich Anfang Oktober 1998 in Tokyo. Wir sitzen nebeneinander am Laufband eines *Kaiten-sushi*-Lokals und kommen ins Gespräch, wie Ausländer in Japan eben leicht miteinander ins Gespräch kommen. Die Zeit in der Obdachlosensiedlung am Sumidagawa habe ihm geholfen, die Menschen und ihre Lebensweise besser kennenzulernen, erzählt er. Seine Nachbarn waren bei Weitem nicht nur alte Tagelöhner, die keine Arbeit am Bau mehr finden konnten, sondern immer öfter auch Fabrikarbeiter, Verkäufer, Büroangestellte.

Das Schlimmste seien die allmonatlichen Evakuierungen der Schachtelhäuser gewesen: »Drei, vier Tage vorher kommt eine Abordnung der Tokyoter Stadtregierung zum Flussufer und klebt an jedes Haus einen Zettel mit einer Nummer. Darauf steht, dass man bis zu einem Stichtag sein Haus abreißen muss.« Am Tag der Evakuierung breche also jeder sein Haus ab und schleppe all sein Hab und Gut auf eine Böschung: »Pünktlich um neun Uhr dreißig sind die Beamten da und dokumentieren mit Fotos die Nicht-Existenz von Pappkartonhäuschen.« Kaum seien sie abgezogen, fingen die Obdachlosen an, ihre Häuser wieder aufzubauen. »Ich nenne es das bürokratische Ballett«, sagt Charles McJilton und kann dieser Art der Problembewältigung trotz aller Absurdität menschliche Züge abgewinnen: »Würde die Regierung die Männer wirklich vom Flussufer weghaben wollen, könnte sie jederzeit ohne Vorankündigung kommen!«

Weniger glimpflich verlief die Evakuierung der Obdachlosensiedlung am Bahnhof Shinjuku, dem größten und am stärksten frequentierten Bahnhof der japanischen Hauptstadt, wo täglich rund eine Million Menschen durchkommt. Im Februar 1998 war in Shinjuku ein Brand ausgebrochen, bei dem vier oder auch fünf Obdachlose, so genau schien das niemand zu wissen, ums Leben kamen. Die Brandursache wurde nie untersucht. Für die Behörden ein willkommener Anlass, den Bahnhof wieder einmal zu räumen. Die Nischen, in denen seit Jahren die Pappkartonhäuschen der Obdachlosen standen, wurden mit Trennwänden aus Metall verbarrikadiert, ein Wiederaufbau der Siedlung dadurch unmöglich gemacht. Die ehemaligen Bewohner sind nun dazu verurteilt, herumzuvagabundieren und sich andere Plätze zu suchen.

Charles McJilton empfiehlt einen Besuch im Park von Shinjuku, Samstag früh. Das Gewirr unterirdischer Gänge am Bahnhof Shinjuku führt bis knapp vor das Rathaus der Stadt Tokyo von Stararchitekt Kenzo Tange. Der Park beginnt gleich hinter einem der Luxushotels. Eine riesige Menschenmenge steht dort und scheint auf irgendetwas zu warten. Punkt halb neun hält ein beigefarbener Kleinbus am Parkrand. Zwei Männer und zwei Frauen steigen aus, entladen Kartons und bauen in Windeseile eine Suppenküche auf. »Sind Sie von der US-Army?«, frage ich die Frau. Sie blickt nervos um sich. »Airforce«, sagt sie. Im Herbst 1998 versorgen Angehörige der US-Airforce – die Nachkommen der ehemaligen Sieger- und Besatzungsmacht – japanische Obdachlose mit Suppe aus der Armeeküche. »Wir müssen mit politischer Vorsicht agieren«, meint denn auch die Helferin. Und fügt eilig hinzu, dass das hier mit dem amerikanischen Militär nichts zu tun habe. Vielmehr rekrutierten sich die Freiwilligen aus den diversen christlichen Kirchen, die es am Militärstützpunkt gebe. In geordneten Dreierreihen haben sich die Obdachlosen mittlerweile zu einer langen Schlange formiert, deren Ende kaum zu sehen ist. »Vergangenen Samstag waren es dreihundert«, sagen die Helfer. Sie fassen einander zu einem kurzen Gebet an den Händen, ehe sie mit der Verteilung beginnen. Für jeden gibt es einen Teller Suppe, Brot, eine Banane und ein Säckchen Erdnüsse. Dazu ein fröhliches »Good Morning!«.

Damals wie heute lassen die japanischen Behörden zweimal im Jahr die Zahl jener Menschen erheben, die in Parks, auf Bahnhöfen, entlang von Flüssen und Straßen leben. Und kamen auf achttausend in Osaka und viertausenddreihundert im Stadtzentrum von Tokyo, wo Streetworker Charles McJilton hingegen mehr als zehntausend Obdachlose vermutete. Damals wie heute wird die Zahl der Obdachlosen durch anonyme und freiwillige Befragungen ermittelt. Wer am Befragungstag gerade zufällig eine Unterkunft hat, fällt aus der Statistik. Sechzehntausend Obdachlose seien es demnach heute in ganz Japan.

Im Herbst 1998 befand sich Japan in der Rezession. Ursache war nach Meinung der Experten weniger die Asienkrise als die Folgen der Bubble Economy. Drei Millionen Arbeitslose versetzten dem Land einen Schock. Dabei waren die Regierungszahlen gar nicht international vergleichbar – wie sie es auch heute nicht sind. Ökonomen schätzten die tatsächliche Arbeitslosigkeit damals auf rund zehn Prozent. Es war der Beginn einer Entwicklung, deren Ende noch nicht abzusehen ist. Ein Riss ging durchs Land. Trotzdem wurde am Bild einer harmonischen, gleichgestellten Gesellschaft noch jahrelang festgehalten. Keine breite Oberschicht, kein Heer von Armen. Eine breite Mittelklasse.

Oktober 1998. Empfang bei einem westlichen Diplomaten: Der Daimler-Benz-Vertreter aus Deutschland, der seit zwanzig Jahren in Tokyo ist, hält sein Gläschen in der Hand und meint, es gebe überhaupt keine Wirtschaftskrise. Herbeigeredet sei die. Würden die Leute weiterhin Geld ausgeben wie bisher, würde auch die Wirtschaft wieder Aufwind bekommen. Aber da die Medien ständig von einer Krise redeten und schrieben, horteten viele ihr Geld lieber, anstatt es auszugeben. Mercedes Japan spüre jedenfalls nichts von Krise. Wer Mercedes kaufe, kaufe auch weiterhin. Etwa vierzigtausend Stück würden pro Jahr in Japan verkauft. Und dann zählt er auf: an Privatleute mit großem Grundstücksbesitz, an Firmenchefs, Politiker sowie Ehefrauen, die auch mal ihre eigene S-Klasse fahren möchten. Das sei die Klientel. Freilich – wer täglich zwei Stunden zur Arbeit pendle, kaufe keinen Mercedes, sagt der Daimler-Benz-Vertreter in dem edlen Ambiente. Seine Einschätzungen will er dann doch lieber dort belassen und nicht auf Tonband aufgezeichnet wissen. Aus Rücksicht auf die Firmenhierarchie.

Abseits der Obdachlosen von Shinjuku, Sanya oder Sumidagawa, die man nicht sehen musste, wenn man sie nicht sehen wollte, präsentierte sich Tokyo in diesen Tagen wie eh und je: als boomende und pulsierende Stadt. Scharen von Einkaufswütigen in den Straßen, das übliche Gewühl in den Kaufhäusern. Nach wie vor wurde Golf gespielt, waren die Restaurants voll, wurde auf Firmenkosten gezecht und getafelt.

Anfang 2000 gelingt es Charles McJilton, die Vertreterinnen und Vertreter verschiedener mobiler Suppenküchen zusammenzubringen. Er initiiert Gespräche über effizienteres Sammeln und Verteilen von Nahrungsmitteln. Das ist der Beginn der »Food Bank Japan«. Motto: Essen für alle. 2004 gibt sich die Organisation den Namen »Second Harvest« – Zweite Ernte. 2010 begeht Second Harvest das zehnjährige Jubiläum des Foodbanking in Japan. Übrig gebliebene Nahrungsmittel, die nach wie vor in Ordnung sind, werden gesammelt und an Bedürftige im ganzen Land verteilt. Auf einer Pressekonferenz in Tokyo weist der Gründer und Leiter von Second Harvest, Charles McJilton, darauf hin, dass die Armutsrate in der japanischen Bevölkerung mittlerweile bei 15,7 Prozent liegt. Jedes Jahr würden freilich zwischen fünf und neun Millionen Tonnen unverdorbener Nahrungsmittel in Japan weggeworfen.

»Grüß Gott, schöne Frau!«

Onishi-San und seine Tagelöhnergewerkschaft

27. Juli 2009. Treffpunkt neun Uhr vor »Bic Camera«. Der Elektronikdiskonter vor dem Bahnhof Nagoya hat noch zu. Onishi-San, der Chef der Tagelöhnergewerkschaft Sasajima, ist zu früh dran. Ich auch. Um die Zeit wartet kaum jemand vor Bic Camera, wir erkennen uns gleich. Er kommt mit dem Fahrrad, trägt ein zerrissenes, schmutzig-weißes T-Shirt und Plastikschlapfen. Am Telefon hatte er ziemlich knapp, fast unfreundlich geklungen. Doch er begrüßt mich mit einem breiten Lächeln in einem braun gegerbten, freundlich-sanften Gesicht. Goldzahn. Das Haar grau meliert, sehr ins Weiße. Er ist sechsundsechzig Jahre alt, wie ich später seiner Biografie entnehmen werde. Wir gehen einige Straßenzüge, er schiebt das Fahrrad neben mir her und fragt mich vorsichtig ein wenig aus, bis er vor einem schäbigen, winzigen Haus stehen bleibt, vor dem sich alte Fahrräder und allerlei Gerümpel türmen. Ein heruntergelassener, verrosteter Rollladen im Erdgeschoß. Davor ein kaputter Bürosessel. Ich sehe mich plötzlich irgendwo in einem Land der Dritten Welt, in Nicaragua vielleicht oder in Mosambik oder am Stadtrand von Sofia, und überlege kurz, ob hier wohl manchmal Leute sitzen, alte Männer zumal, rauchen, tratschen, schauen, was geht, wenn es nicht gerade regnet, so wie jetzt.

»Hier ist das Büro. Erschrecken Sie nicht, es ist

sehr klein.« Das Büro, das man sich besser nicht als solches vorstellt, ist im ersten Stock des wackeligen Hauses, über eine steile Treppe hinauf, die gerade so breit ist, dass ein schlanker Mensch Platz findet. Am Ende der Treppe türmen sich Schuhe und Regenschirme. Ich ziehe meine Schuhe aus und denke kurz: Wie gut, dass ich Socken angezogen habe, ja, ich gebe es zu, es wäre mir unangenehm gewesen, barfuß einzutreten, es ist schmutzig. Plastik- und Papiertüten, Aschenbecher, Papiere. Das Büro ist etwa zehn Quadratmeter groß und schon voll mit den erwähnten Tüten und Papieren und den zwei Männern, die an einem niedrigen Tisch am Boden sitzen und rauchen. Ein älterer und ein jüngerer, mit ziemlich braunem Teint, wie aus dem Sonnenstudio, mit rot gefärbten Haaren und Sonnenbrille, ein Typ, wie man ihn in Japan häufig sieht. Er schwitzt und wischt sich permanent mit Papier von einer Klopapierrolle das Gesicht ab. Onishi-San weist mir einen Platz auf einem sehr schmutzigen Sitzpolster zu, setzt sich selbst ans andere Ende des Tisches. Hinter ihm auf einem Regal ein kleiner Fernseher, ein Faxgerät mit Telefon. Noch mehr Säcke, noch mehr Papiere. Das einzige Fenster steht weit offen. Trotzdem steht die Luft, und kaum habe ich mich mühsam in den japanischen Damensitz gesetzt, merke ich, wie mir kleine Bäche herunterzurinnen beginnen. Da ich das Mikrofon halte und das Aufnahmegerät bediene, habe ich keine Hand frei, nach einem Taschentuch zu suchen, und muss mir ständig mit dem Handrücken über die Oberlippe fahren. Mein T-Shirt zeigt nasse Flecken. Ich weiß es, ohne dass ich hinsehe. Jemand stellt eine

Dose mit Tee auf den Tisch. Onishi zieht eine andere Dose hervor, wer weiß woher, und die anderen stöhnen auf und lachen. Er zeigt sie mir grinsend: Das ist »Juice«! Ich kenne die Mischung aus *shoju* und Saft. Sechs Prozent Alkohol. Er macht einen kräftigen Schluck. Jetzt kann ich den eigenartigen Geruch einordnen, der mir von Anfang an an ihm aufgefallen ist. Jemand schiebt mir den Tee zu. Da ich weiter aufnehmen will, kann ich nicht trinken.

Der junge Rotgefärbte verschwindet und kommt kurze Zeit später mit einer Dose mit Kaffee zurück, die er strahlend vor mich hinstellt. Die kalte Dose hinterlässt im Nu nasse Flecken auf dem Tisch. Während ich Onishi, der redet und redet, zu folgen versuche, nehme ich mir vor, den kalten Kaffee auf jeden Fall zu trinken, sobald ich das Mikro aus der Hand lege, da es nun wirklich sehr unhöflich von mir wäre, ausgerechnet hier das angebotene und eigens für meinen westlichen Geschmack ausgewählte Getränk nicht anzurühren. Während Onishi weiter erklärt und Fragen beantwortet und ich mühsam zu verstehen versuche, wischt der junge Gefärbte ständig mit dem Klopapier den Tisch ab.

Endlich sind wir an so etwas wie einem Endpunkt angelangt. Es zieht mittlerweile angenehm durchs geöffnete Fenster und ich mache eine Pause, um dem Mikro den Windschutz anzulegen. Nun beginnt der ältere, ernsthaft dreinblickende Herr zu reden, während Onishi sich umdreht und in diversen Papiertüten kramt. Er erklärt mir, dass er mit der Gewerkschaft eigentlich nichts zu tun habe und nur als Privatperson spreche. Als Privatmann unterstütze er solche Leute, indem er ihnen eine

Handynummer und eine Adresse leihe und ihnen damit helfe, Sozialhilfe zu kriegen, die sie sonst, weil sie ja obdachlos sind, nicht bekommen würden. Mehr als hundert habe er so schon zur staatlichen Sozialhilfe verholfen. Während der Ernsthafte redet – den sie später, am Abend, nur »den Sponsor« nennen werden –, kommt ein Erdbeben. Es ist nicht besonders heftig und es geht auch rasch vorüber. Häuser wie diese, denke ich mit ziemlicher Verzögerung, sind die ersten, die bei Erdbeben einstürzen. Ich erschrecke und sage es, und die Herren wundern sich.

Mittlerweile hat Onishi alle Papiere gefunden, nach denen er gesucht hat, und breitet sie nach und nach vor mir aus. Zeitungsartikel über ihn und die Gewerkschaft, Kopien von handschriftlichen und getippten Notizen und von ihm verfassten Aufsätzen, ein Buch. Seine Bio. Das alles gibt er mir mit.

Geboren 1943 in der Mandschurei, weil sein Vater als Soldat dort war. Sein Vater fiel, er ging mit der Mutter zurück nach Japan, als er ein Jahr alt war. Später studierte er an der Universität Kyoto (einer der besten des Landes), arbeitete als Jurist, aber – warum auch immer, ich konnte ihn das nicht fragen, weil ich den Artikel erst später gelesen habe – bereits in den siebziger Jahren verlor er die Arbeit und wurde Tagelöhner. Am Bau. Da war er, ich habe nachgerechnet, gerade mal dreißig.

Moment. Die siebziger Jahre. Das waren die japanischen Achtundsechziger. Blutige Auseinandersetzungen. Radikalismus. Kämpfe gegen den japanisch-amerikanischen Sicherheitspakt. Gibt es einen Zusammenhang?

Irgendwann wurde er dann zu alt für die Arbeit am Bau, und vor dreißig Jahren gründete er die Gewerkschaft, die wohl immer noch hauptsächlich aus ihm besteht.

Jedenfalls spricht er deutsch, ein wenig, aber immerhin. Er habe, sagt er, seinerzeit an der Uni zwei Jahre Deutsch gelernt. Es macht ihm sichtlich Spaß, deutsche Worte hervorzukramen. »Schöne Frau«, fällt ihm gleich ein. »Ich liebe dich.« Die Dokumente, die er mir gibt, hat er zum Teil auf Englisch verfasst, »Japanese English«, sagt er verlegen lachend, jemand habe sie ihm korrigiert, aber sie sind durchwegs in besserem Englisch verfasst als alle Papers meiner neunzig japanischen Studierenden, die ich gerade korrigiert habe.

Er schreibt über die Entwicklung des Tagelöhnertums in Japan und über Arbeitskämpfe aus den letzten Jahren, und immer wieder über die Kämpfe mit den *yakuza*, den japanischen Mafiosi. Die *yakuza* fungierten als Sub-Sub-Sub-Unternehmer für Firmen wie Toyota oder Suzuki: »Sie werben die Arbeiter an, bezahlen ihnen dann überhaupt keine oder zu geringe Löhne, behalten zu hohe Vermittlungsgelder ein, lassen die Leute bei Arbeitsunfällen im Stich …« Sogar über Mordfälle schreibt Onishi, und ich glaube ihm. Auch wenn ich es nicht überprüfen kann und nicht überprüfen werde können.

»Ich suche einen Herrn Fuji«, sage ich zum Abschluss, »können Sie mir helfen?« Natürlich, Fuji, den kennen alle. Der arbeite jetzt am Bezirksamt von Nakamura und nicht mehr in der »Klinik«, wie ich gehört hatte. Sie empfehlen mir, am besten sofort dorthin zu gehen, um ihn zu treffen. Während einer telefoniert, blättere ich in den Dokumenten, die vor mir liegen. Onishi erzählt, dass er auch singe und Performances mache, und es gebe einen Zeitungsartikel darüber, mit Foto. »Das möchte ich sehen«, sage ich spontan, »wann treten Sie denn wieder einmal auf?« »Heute Abend«, sagt er. Und wir vereinbaren wieder Bic Camera. Siebzehn Uhr dreißig.

Der rothaarig Gefärbte begleitet mich zum Bezirksamt und erzählt mir im Gehen im Eiltempo seine Lebensgeschichte und ich denke mir: Es ist gewiss nicht wichtig für ihn, ob ich ihn verstehe oder nicht, er ist einfach froh, dass ihm jemand zuhört und er reden kann. Er ist psychisch krank, erklärt er mir, einundvierzig Jahre alt, und weil er psychisch krank ist, kann er nicht mehr arbeiten, vorher war er in einer Firma, jetzt aber kriegt er die Panik, wenn zu viele Leute beisammen sind, er kann überhaupt keine Menschenansammlungen vertragen, deswegen arbeitet er auch nicht mehr in der »Klinik«, wo er einige Zeit geholfen und in der auch Herr Fuji gearbeitet habe, und die ja eigentlich keine »Klinik« sei, sondern mehr eine Beratungsstelle, sondern er arbeite jetzt in der Gewerkschaft mit. Auch Fuji-San mache wegen seines Alters die Arbeit in der »Klinik« nicht mehr, sondern sei jetzt im Bezirksamt tätig.

Ich kann mir unter seiner Arbeit nicht wirklich etwas vorstellen.

Am Bezirksamt finden wir Herrn Fuji sofort. Er ist wohl Mitte sechzig und berät gerade einen der vielen Wartenden. Um den Hals hat er einen

Ausweis hängen, auf dem sein Name steht und: volunteer. Wir warten geduldig, bis er eine Beratungspause einlegt. So sehr war er in das Gespräch vertieft, dass er uns gar nicht bemerkt hat, obwohl wir direkt vor ihm gestanden sind. Er zückt seine Visitenkarte und einen Terminkalender, und wir vereinbaren, dass ich ihn Freitag, achtzehn Uhr, anrufen soll, wenn ich bei Bic Camera eingetroffen bin. Das ist so ziemlich der letztmögliche Termin für mich. Mein Flug zurück nach Österreich geht Samstag, zehn Uhr dreißig.

Der Rothaarige zeigt mir noch, wie ich zur U-Bahn finde.

Abends fahre ich wieder zu Bic Camera. Nicht ohne mulmiges Gefühl, ich muss das eingestehen, obwohl ich mich im Nachhinein dafür schäme: Ich habe vorher meine Geldbörse ausgeräumt und weder Kreditkarte noch große Banknoten mitgenommen.

Ich bin, natürlich, zu früh dort und streife noch durch den Shop, in der heimlichen Hoffnung, Onishi möge zu betrunken sein, als dass er sich noch an die abendliche Verabredung erinnern könnte.

Kaum gehe ich aus dem Geschäft hinaus, kommt mir Onishi schon entgegen, frisches Hemd, fröhlich winkend: »Da sind noch zwei Gäste!«, stellt er mir zwei Frauen vor. Eine – Typ biedere Hausfrau, Mitte vierzig, die andere – Typ schräg-schrill: grell geschminkt, knallbuntes Sommerkleid, Klunker, Strohhut mit buntem Band und künstlichen Früchten, Alter unschätzbar, gewiss älter als sie vorgeben will. Die Hausfrau zückt sofort ihre Visitenkarte und erklärt, dass sie Freiwilligenarbeit mit Obdachlosen in Gifu mache. Die andere stellt sich nicht wirklich vor, gibt sich als Künstlerin aus und hat sich mit Kugelschreiber auf ihrem linken Oberarm in *Katakana*-Umschrift die deutschen Wörter notiert: »Grüß Gott, schöne Frau!«, die sie mir gleich von ihrem Arm vorliest. Onishi steuert auf einen Kleinbus zu, der im Halteverbot vor Bic Camera steht. Wir steigen ein. Die hintere Sitzbank ist umgelegt, vollgeräumt mit Kisten und etwas, das sich später als Klapptisch herausstellen wird.

Wohin wir fahren? Die Hausfrau zuckt mit den Schultern und scheint sich keine Sorgen zu machen, also mache ich mir auch keine. Am Beifahrersitz sitzt der Sponsor.

Naiv erwarte ich immer noch eine Fahrt zu einem Lokal, in dem die Aufführung stattfinden wird. Ich sehe eine kleine Aufführungshalle, Publikum, freue mich auf ein Bier.

Onishi fährt stadtauswärts, Richtung Toyota-Stadt, unter der auf Stelzen gebauten Autobahn. Der erste Stopp ist an einer Stelle unter der Autobahn, wo einige der typischen Obdachlosenzelte mit den knallblauen Plastikplanen aufgebaut sind. Hier werden einige Dinge aus dem Kofferraum ausgeladen und einem Mann übergeben, der mir als Leiter einer Menschenrechtsorganisation für Obdachlose vorgestellt wird und gerade Dosen, Spaghetti und diverse andere Lebensmittel aus Schachteln aus- und in andere Schachteln einpackt. Beim Anblick von Dosen mit der Aufschrift »sliced tomatoes« fragt er mich, was das wohl sei; ich erkläre es ihm, er ist zufrieden. Ich frage ihn, woher die Lebensmittel kommen, und erfahre, dass sie von der Food Bank Japan sind. Viel mehr will er nicht mit mir sprechen. Er zählt irgendetwas, und ich störe ihn. Er trägt einen japanischen Hausanzug und hat einen schlimmen Hautausschlag. Auch er hat rot gefärbtes Haar.

Ein Obdachloser schläft auf einer Matte, die Autobahn darüber bildet einen guten Schutz gegen den Regen. Zusammengekringelt zu seinen Füßen liegen eine rote Katzenmutter und ihr getigertes Baby. Die Hausfrau ist hin- und hergerissen und nimmt das Tigerbaby an sich, das sich sofort an ihren Busen kuschelt. Das Baby hat ein Halsband und eine Leine – was hier, zwischen zwei mehrspurigen Durchfahrtsstraßen, durchaus sinnvoll ist.

Die nächste Station ist ein ebensolcher Streifen zwischen den beiden Durchfahrtsstraßen unter der Autobahn. Auch hier eine Obdachlosensiedlung. In Windeseile packt Onishi die Klappbank, einige Kisten und zwei Container mit Tee und Pappbechern aus. Jetzt sehe ich die lange Schlange durchwegs alter Männer, die bereits aufgereiht da stehen. Brav. Still. Wie Engländer vor der Bushaltestelle. Die Hausfrau wird gleich eingeteilt. Sie händigt undefinierbare Klößchen aus einer Schachtel aus. Onishi und ein Helfer gießen Tee in Pappbecher. Die Künstlerin hat unterdessen ein Mikrofon und einen Lautsprecher aus dem Wagen genommen und aufgebaut und fängt mit ihrer Show an. Ehe sie – endlich – zu singen beginnt, wird sie nicht müde, die beiden Spezialgäste dieses Abends vorzustellen und anzukündigen, mein Name schallt via Lautsprecher durch die Gegend. Während der ganzen Prozedur der Essens- und Teeausgabe (jetzt steht die Schlange zum zweiten Mal an, ich erkenne einige der Männer wieder) singt und moderiert die Künstlerin, dass man glauben könnte, in einer Show des japanischen Privatfernsehens zu sein. Sie motiviert einige der Obdachlosen zum Singen und Tanzen, es ist ein groteskes Schauspiel.

Ich rede mit einem der Männer, er sagt, er lebe schon seit zehn Jahren so, immer von Hilfsorganisationen, ohne Chance auf ein anderes Leben. Die anderen wenden sich ab. Zwei Frauen sehe ich, wenige jüngere Männer. Einen im schwarzen Anzug.

Onishi singt auch politische Lieder, zum Beispiel eines von den drei Tagelöhnern, die ermordet wurden, weil sie ihren ausstehenden Lohn einforderten. Ich frage die Frau aus Gifu, ob sie so eine Performance schon einmal erlebt habe. Sie schüttelt den Kopf.

Dann kommt ein Hilfstrupp der Christen an. Die religiösen Hilfsorganisationen wechselten sich ab, sagt einer, der sich als Tanaka vorstellt, und erklärt mir den monatlichen Hilfsplan. Daraus geht hervor, welche religiöse Vereinigung an welchem Tag dran ist. Die Christen – Katholische Kirche, steht auf ihrem Auto – laden als Erstes große blaue Plastiktröge ab, die sie aus einem Kanister mit Wasser vollfüllen.

Circa dreihundertfünfzig Leute kämen jedes Mal, sagt Tanaka, aber wie viele Obdachlose es insgesamt in Nagoya gebe, könne er beim besten Willen nicht sagen. Mittlerweile ist mitten auf dem Streifen unter der Autobahn ein Tisch aufgebaut worden mit einem großen Schild davor: Beratung. Irgendwo muss es Strom geben. Starke Lampen beleuchten die Szenerie. Die Obdachlosen sitzen in zwei Reihen jeweils auf der Seite.

Onishi und seine Leute packen zusammen. Wir fahren. Im Bus nimmt die Künstlerin ihren Strohhut ab. Ihr kurzes, rot gefärbtes Haar ist zusammengedrückt, und sie sieht plötzlich sehr alt und sehr müde aus. Sie ist heiser und es ist, als hätte sie mit einem Schlag jegliche Jugendlichkeit und Energie verloren. Im grellen Licht des billigen Selbstbedienungsrestaurants, in dem wir den Abend beschließen, sieht sie dann zehn Jahre älter aus, als sie ist. Sie ist sechzig.

Der »Sponsor« lässt es sich nicht nehmen, die Rechnung zu bezahlen.

Onishi fährt ihn, ehe er uns am Bahnhof absetzt, zum Büro der Tagelöhnergewerkschaft. Als er aussteigt, rutscht der Ärmel seines Hemdes hoch und zeigt seinen voll tätowierten Oberarm. Der »Sponsor« habe in der Lotterie gewonnen und daher viel Geld, erklärt Onishi, nachdem er ausgestiegen ist, als habe er meine Gedanken gelesen. Er habe ihm in der Vergangenheit sehr geholfen und er sei ihm daher sehr zu Dank verpflichtet. Die beiden Frauen sprechen über das Wunder eines Lotteriegewinns.

Dann gibt mir Onishi am Bahnhof zum Abschied die Hand, sagt auf Deutsch »Auf Wiedersehen« und zeigt beim Lächeln seinen Goldzahn.

Der Mythos des Aufruhrs

Studentenproteste an der Hosei-Universität

Die Aktion hat etwas Konspiratives. Wie vereinbart, geht Tomoko voraus, ich folge ihr in einiger Entfernung so unauffällig, wie man als Ausländerin beim Betreten einer japanischen Universität eben sein kann. Kunio Yoneda, Verbindungsmann zu den Studierenden, macht erst gar nicht den Versuch, die Sicherheitschecks am Eingang der Universität zu passieren. Der knapp über Sechzigjährige steht auf einer Liste von Personen, die Zutrittsverbot zur privaten Hosei-Universität in Tokyo haben. Beim Anblick von Tomoko zückt der Security-Mann sofort sein Notizbuch, blickt auf die Uhr, macht einen Eintrag und murmelt etwas in sein Walkie-Talkie. Tomoko steht unter besonderer Beobachtung. Aufrecht und selbstbewusst geht die zwanzigjährige Studentin an ihm vorbei. Ich bleibe unbehelligt. Im Universitätsgebäude treffen wir uns wieder. In ihrem Gesicht spiegelt sich Triumph: »Haben Sie gesehen? Und die Überwachungskameras am Eingang!« Dann führt sie mich durch die Universität.

Der Campus in Ichigaya ist ein Neubau aus dem Jahr 2007. Baulich ist Transparenz angesagt – Hörsäle, Aufenthalts- und Studierräume haben beschichtete Glaswände – von außen sieht man hinein, von drinnen jedoch nicht nach draußen. Auch der Aufzug ist aus Glas. Auf den Gängen und in den Hörsälen sind Kameras angebracht. »Man sieht sofort, wer kommt und geht und wer wen trifft«, erklärt Tomoko. Die Tür zum Hörsaal kann man nur mit einer Spezialkarte öffnen. Auf Plakaten macht die Universitätsleitung die Studierenden darauf aufmerksam, dass Flugzettel Verteilen, Plakate Aufhängen und Demonstrieren am Campus verboten ist.

»Wir können unsere Meinung nicht mehr ausdrücken, nicht mehr sagen, was wir denken oder worunter wir leiden. Wir sind nur mehr damit beschäftigt, Qualifikationen zu erwerben und uns auf die Arbeitssuche vorzubereiten. Die Stimmung am Campus ist ziemlich düster«, flüstert Tomoko, als wir in einem leeren Hörsaal Platz genommen haben.

Tomoko stammt aus Tohoko, einer Region im Norden der japanischen Hauptinsel. Nach der Oberschule fand sie keine fixe Anstellung, erzählt sie. Zwei Jahre lang jobbte sie für einen Stundenlohn von etwa fünf Euro in einer Kneipe. Oft dauerte ein Arbeitstag bis zwei Uhr früh, sechs Tage die Woche. Ihr Biorhythmus sei völlig durcheinandergekommen. Kein Einzelfall: »Viele meiner Freunde müssen mit fünfundzwanzig noch solche Jobs machen, ohne Vertrag, ohne Arbeitslosen- oder Krankenversicherung.« Dann erfährt Tomoko aus dem Internet, dass eine Freundin als Aktivistin an der Hosei-Universität verhaftet worden ist. Motivation genug für sie, sich selbst an der wirtschaftswissenschaftlichen Fakultät der Hosei-Universität einzuschreiben und in der Studentenbewegung aktiv zu werden. Ein halbes Jahr nach unserem Treffen, am 5. Februar 2010, wird Tomoko selbst zum zweiten Mal verhaftet und drei Wochen später ohne Anklageerhebung freigelassen. Insgesamt werden zwischen Mitte März 2006 und März 2010 hundertachtzehn Studierende festgenommen, gegen dreiunddreißig gibt es Anklagen.

Begonnen hat der Konflikt mit Protestkundgebungen und Demonstrationen gegen den G8-Gipfel 2006. Die Verwaltung der Hosei-Universität lässt die Aushänge der kleinen, radikalen Studentengruppe Chukaku-ha vom Schwarzen Brett entfernen, verbietet das Verteilen von Flugzetteln und hängt ihrerseits Plakate auf, die wiederum von den Studierenden heruntergerissen werden.

Sechzig Überwachungskameras werden installiert, ein privater Wachdienst engagiert. Im März 2009 verbietet die Universität »in einer Bannmeile im Radius von zweihundert Metern vom Campus herumzulungern, Poster aufzuhängen und Reden zu halten«, mit der Begründung, ihre Geschäftsinteressen zu schützen. Ende Dezember 2009 werden acht der Studierenden gegen Kaution freigelassen, die im April und Mai 2009 verhaftet worden waren. Sie werden jedoch wegen Besitzstörung, gewaltsamer Geschäftsstörung und nach dem »Gesetz zur Bestrafung physischer Gewalt« aus dem Jahr 1926 angeklagt.

Das »Gesetz zur Bestrafung physischer Gewalt« war in der vor-faschistischen Ära im Zuge der nationalen Mobilisierung für den Krieg und den Überfall auf die Mandschurei gemeinsam mit dem »Gesetz zur Aufrechterhaltung der Öffentlichen Ordnung« geschaffen worden, als Druckmittel gegen politische Gegner.

(1931 begann Japan mit der Invasion in der Mandschurei den »Fünfzehnjährigen Krieg«, 1932 wurde die Mandschurei zum Marionettenstaat Manchukuo, im Dezember 1937 marschierten japanische Truppen in der damaligen chinesischen Hauptstadt Nanking ein und verübten dort ein Massaker ungeahnten Ausmaßes, das in der angloamerikanischen Geschichtsschreibung treffend als »The Rape Of Nanking« bezeichnet wird.)

Die Anwendung dieses uralten Gesetzes auf demonstrierende Studierende dreiundsiebzig Jahre danach rief hundertsiebzig unabhängige Anwälte auf den Plan, die in einer Petition dagegen protestierten. Es sei das bequemste repressive Gesetz, um die Einheit von Gewerkschaften zu zerschlagen, heißt es in der Stellungnahme der Anwälte. »Für eine Anklage genügen vage Verdachtsmomente. Eine Bedrohung besteht zum Beispiel dann, wenn eine Organisation oder mehrere Personen ihre Stärke demonstrieren oder mehrere Personen gemeinsam in Aktion treten«, erklärt Tatsuo Suzuki, einer der Anwälte.

Anfang Februar 2010 werden neuerlich sechs Studierende wegen »gewaltsamer Geschäftsstörung« und »Vorgehen gegen einen Regierungsbeamten in Ausübung seiner Pflichten« festgenommen, darunter Tomoko. Am 26. Februar werden alle ohne Anklage wieder freigelassen.

In keinem anderen Land erreichten die Hochschulkämpfe in den sechziger Jahren ein Ausmaß wie in Japan. Zunächst richteten sich die Proteste gegen den amerikanisch-japanischen Sicherheitsvertrag, später gegen den Vietnamkrieg, den Bau des Flughafens Narita, die Präsenz amerikanischer Truppen in Japan, die amerikanische Besatzung in Okinawa und die Situation an den Hochschulen. Am Höhepunkt der Auseinandersetzungen waren rund hundertfünfzig Universitäten im ganzen Land involviert. Überall gab es Streiks, Proteste und Boykottmaßnahmen – gewalttätiger und anhaltender als in Europa oder den USA. Ab den siebziger Jahren ebbte die Studentenbewegung ab. Es kam zu Säuberungen in den eigenen Reihen, die Linke ging geschwächt aus dem Konflikt hervor.

An einigen Universitäten haben sich die Organisationen der Studierenden aber bis heute gehalten. An der Hosei-Universität ist dies die sogenannte »Kernfraktion«, Chukaku-ha, die größte Organisation der Neuen Linken in Japan, die dort eine Studentenorganisation hat. Chukaku-ha wurde 1956 gegründet. In den siebziger Jahren kam es zu einer Spaltung und jahrelangen blutigen Kämpfen unter den verfeindeten Fraktionen. »Als ich jung war, also vor rund vierzig Jahren«, hatte Kunio Yoneda mir in einem E-Mail erklärt, »war ich Student an der Hosei-Universität und konnte den Campus frei betreten und gegen den Vietnamkrieg protestieren. Ich kann einfach nicht akzeptieren, wie brutal die Studenten heute unterdrückt werden. Deshalb unterstütze ich sie.« Verbindungsmann Kunio Yoneda ist seit seiner Jugend eines der insgesamt fünftausend Mitglieder von Chukaku-ha sowie Mitglied des Verbandes autonomer Studentenverbände, Zengakuren, der die Studierenden an der Hosei unterstützt. Im Brotberuf arbeitet er bei einem Verlag. »Wir sind revolutionäre Kommunisten. In den vergangenen vierzig Jahren haben wir in der Antikriegsbewegung, der Arbeiterbewegung, der antifaschistischen Bewegung, gegen den Vietnamkrieg, gegen die Invasion im Irak und immer wieder gegen die japanische Regierung gekämpft.«

Ein weiteres Relikt aus den sechziger Jahren sind die autonomen Studentenzirkel – eine der wichtigsten Errungenschaften der Studentenbewegung. Diese Klubs gibt es an allen japanischen Universitäten, mit den unterschiedlichsten Schwerpunkten – von Tennis- oder Softball über Theater und Musik bis hin zu politischen Diskussionsrunden. An der Städtischen Universität Nagoya beispielsweise treffen einander Studierende in einem Zirkel mit dem Titel: »Vereinigung zum Lesen Marx'scher Schriften«, wie ein Professor dieser Uni kichernd erzählt. Als nun vor einigen Jahren einige Universitäten daran gingen, sich baulich zu erneuern, traf dies auch die Studentenzirkel. Die in Toplage im Zentrum von Tokyo gelegene Hosei-Universität war eine der ersten, die ihren Campus neu errichtete, andere, wie die Meiji-Universität in Tokyo, folgten. Überall wurden mit der Eröffnung neuer Gebäude strenge Kontrollen eingeführt. Damit sollte verhindert werden, dass Uni-Fremde Zutritt bekommen. Einige der abgerissenen Gebäude der alten Universität »gehörten« aber den Studierenden, die dort die Räumlichkeiten für ihre autonomen Zirkel hatten. Diese Räume und ein aus den Studiengebühren gespeistes Budget, das die Studierenden autonom verwenden können, sind die wichtigsten Eckpfeiler für das Funktionieren der Zirkel. Mancher Zirkel an der

Hosei wurde auch von ehemaligen Studierenden und Sympathisantinnen und Sympathisanten frequentiert, worunter wohl auch die politisch aktiven waren. Das war der Universitätsleitung schon lange ein Dorn im Auge. Der Versuch einiger Universitäten, die Autonomie der Studierenden zurückzudrängen, indem ihnen die Räume genommen und die Budgets gekürzt werden, ist einer der Knackpunkte der aktuellen Auseinandersetzung.

Hundertachtzehn Verhaftungen von Studierenden innerhalb von drei Jahren, dreiunddreißig Anklagen. Und so gut wie keine Berichte in den japanischen Medien, die sich gerne in Selbstzensur üben. Ausreißer ist die englischsprachige Tageszeitung *Japan Times*, die am 9. Juni 2009 einen Artikel mit dem Titel »Rumpus On Campus« veröffentlicht: »Prestigeträchtige Universität in Tokyo ist zu einem Kampfplatz für die Freiheit politischer Meinungsäußerung geworden«. Autor David McNeill ist der Erste, der über die Ereignisse schreibt. Der Tokyo-Korrespondent des britischen *Independent*, Mitarbeiter der *Japan Times* und Lektor an der angesehenen Sophia-Universität genießt den Ruf, sich marginalisierter Themen anzunehmen. Rund eine Woche nach seinem Artikel erscheint die Gegengeschichte in der *Yomiuri*-Zeitung, der auflagenstärksten Zeitung der Welt. Vermutlich habe die Polizei den Artikel in der *Japan Times* gesehen, mutmaßt David McNeill, und habe daraufhin die Initiative ergriffen, in einem der Presseklubs die Situation aus ihrer Sicht zu erzählen. Die Darstellung der *Yomiuri* legitimiert die Polizeieinsätze, denn: An der Hosei-Universität sei in den vergangenen

Jahren eine radikale Studentenbewegung unter Anführung der ultralinken Chukaku-ha Gruppe herangewachsen. Während es den meisten Universitäten gelungen sei, Chukaku-ha fernzuhalten, habe sich diese an der Hosei-Universität vierzig Jahre lang halten können.

Eine Stellungnahme der Universitätsleitung bekam David McNeill nicht, wurde aber auf die Homepage verwiesen, wo es sinngemäß heißt, dass die Universität großen Wert auf Meinungs-, Glaubens- und Gedankenfreiheit lege, nicht jedoch gestatten könne, dass der Campus von kleinen Gruppen übernommen werde.

Einer der Professoren an der Hosei-Universität, der Österreicher Josef Kreiner, teilte mir am 18. Juli 2009 in einem E-Mail mit, er habe nichts von irgendwelchen Studentenunruhen an der Hosei bemerkt. Er komme gerade aus Wien, wo er an der Uni bei Weitem mehr Aushänge und Poster gesehen habe!

Eine ausländische Lektorin an der Hosei, die nicht möchte, dass ihr Name an die Öffentlichkeit kommt, »weil sie gerade auf die Einbürgerung in Japan hofft«, erklärt sich zu einem Treffen auf neutralem Boden bereit. Wir sitzen in der piekfeinen Lobby des Hotel Marriott am Bahnhof Nagoya, umgeben von Klaviermusik und dem Plätschern künstlicher Brunnen und trinken im Silberkännchen servierten Tee. Ein Ort, wie er passender kaum sein könnte für ein Gespräch über Studentenproteste gegen den Neoliberalismus.

»Frau X« hebt sofort zur Kritik an dem Artikel in der *Japan Times* an: »Schlecht recherchiert und parteiisch!« Nach langen Exkursen über die Lage damals, vor vierzig Jahren, und die Gewaltbereitschaft der Studierenden, kommt sie schließlich wieder auf das Hier und Heute zurück. Und meint, dass es auch vielen innerhalb der Professorenschaft nicht gefallen habe, wie mit den Störaktionen durch die »sogenannten Studierenden« umgegangen worden sei: »Indem man die Polizei geholt hat, hat man den Aktivistinnen und Aktivisten in die Hände gespielt.« Und dann, nach Worttiraden und Girlanden, die sich über Stunden hinziehen, kommt doch noch Kritik an der Universitätsleitung: »Was uns aber auch nicht gefallen hat, war das tyrannische Verhalten der Universitätsleitung und deren Konzept, die Universität zu einer Firma zu machen. Dass die Uni nicht mehr eine Institution sein sollte, wo es Menschen erlaubt ist, friedliche Diskussionen zu allen möglichen Themen zu führen. Sie wollen die Universität zu einem Ort machen, wo der, der gerade an der Macht ist, einfach bestimmen kann: Tu dieses und jenes!«

Treffen mit Kunio Yoneda, Tomoko und Shiori in einem Kaffeehaus nahe dem Campus der Hosei-Universität. Sieben Monate lang war die dreiundzwanzigjährige Shiori inhaftiert. Sie hatte Flugzettel verteilt. Dann wurde sie gegen eine Kaution von umgerechnet rund sechzehntausend Euro freigelassen. Ihre Eltern mussten einen Kredit aufnehmen. Shiori studierte zunächst an der Keio-Universität orientalische Geschichte. Kurz vor Abschluss brach sie ihr Studium ab und schloss sich der Studentenbewegung an der Hosei-Universität an. »Ich studiere nicht an der Hosei, ich kämpfe!«, sagt sie und ihre Augen leuchten. Weshalb sie ihr Studium abgebrochen hat? Sie erzählt ein Beispiel: »In der orientalischen Geschichte gibt es Professoren, die irakische Geschichte lehren. Und obwohl vor unseren Augen der Irakkrieg begonnen hat, haben ihn unsere Professoren mit keinem Wort erwähnt!« Sie habe es satt gehabt, ständig mit der Erwartung konfrontiert zu sein, dass Studierende artig, gehorsam und rasch ihr Studium absolvieren und dann in eine Firma eintreten sollten.

Zumal die Realität in Japan heute völlig anders aussieht. Vorbei die Zeiten, als ein Universitätsabschluss automatisch als Fahrkarte in eine sichere Zukunft gegolten hat. Japans Universitäten sind längst Teil des neoliberalen Systems. Noch vor zwanzig Jahren stellten sich die Firmen um die Absolventinnen und Absolventen renommierter Unis an, egal was diese studiert hatten. Die firmeninterne Ausbildung sorgte für die notwendigen Qualifikationen. Heute sehen sich Japans Unternehmen sehr genau an, wen sie aufnehmen, wenn sie überhaupt noch jemanden anstellen. Ein Drittel aller Beschäftigten Japans hat ein prekäres Arbeitsverhältnis: Zeitverträge, Leiharbeit, McJobs. Laut der Studentenvereinigung Zengakuren finden nur mehr dreiundsiebzig Prozent der Absolventinnen und Absolventen einer Universität überhaupt einen Job. Und viele Studierende fragen sich, wie sie je die Kredite zurückzahlen können, die sie zur Bezahlung der Studiengebühren aufnehmen mussten. Die liegen in Japan, je nach Studienrichtung und Uni, zwischen neuntausend und fünfunddreißigtausend Euro im Jahr! Tomoko bringt es auf den Punkt: »Wenn man seinen Abschluss hat, sitzt man auf einem Schuldenberg von sechzigtausend Euro oder mehr.«

»Zuerst ist man auf der Universität diesem enormen Wettbewerb ausgesetzt und dann in der Firma. Jegliche Solidarität wird zertrümmert, es findet eine totale Vereinzelung statt«, fügt Shiori hinzu und meint, alle fänden das schrecklich, kaum jemand wisse, was dagegen getan werden könne. Auch gegen die allgemeine Orientierungslosigkeit unter den jungen Menschen wollen Shiori und ihre Freunde ankämpfen. So lautstark sie ihre Proteste äußern – sie sind eine kleine Minderheit. Die Mehrheit der japanischen Studierenden ist unpolitisch, so die Meinung aller, die die Realität an japanischen Universitäten kennen. Der Studentenverband Zengakuren, der unter seinem Dach autonome Studentenvereinigungen aus ganz Japan vereint und die Proteste an der Hosei unterstützt, will indessen weitermachen, weiter mobilisieren und gegen die Privatisierung der Bildung in Japan ankämpfen. In seinen Web-Botschaften weist Zengakuren immer wieder darauf hin, dass sich Japan im Klassenkampf befinde. Womit die Verfasser der Pamphlete – bricht man das ideologische Pathos auf die japanische Realität hinunter – wohl nicht so unrecht haben.

Zurück in Wien nehme ich »Das Reich der Zeichen« zur Hand, erstmals erschienen 1970, am Höhepunkt der japanischen Studentenunruhen. In »Die Schrift der Gewalt« schreibt der französische Philosoph Roland Barthes über die Kämpfe des Zengakuren. Illustriert ist sein Essay mit einem großartigen Schwarz-Weiß-Foto von Bruno Barbey, veröffentlicht bei Magnum. Es zeigt eine studentische Aktion in Tokyo gegen den Vietnamkrieg. Die Studenten tragen Helme mit weißen Zeichen, sind mit weißen Tüchern um Mund und Nase vermummt und mit Holzblöcken bewaffnet. Der Student im Bildvordergrund hat die Arme über der Brust verschränkt, wie abwartend, was da kommen mag. Barthes schreibt: »Wenn man sagt, die Kämpfe des Zengakuren seien organisiert, so verweist man damit nicht nur auf ein Ensemble taktischer Maßnahmen (ein bereits widersprüchlicher Denkansatz im Mythos des Aufruhrs), sondern auf eine Schrift der Akte, welche die Gewalt von ihrem westlichen Wesen, der Spontaneität, befreit. In unserer Mythologie wird die Gewalt unter demselben Vorurteil begriffen wie Literatur und Kunst: man weiß ihr keine andere Funktion zuzuschreiben als die, etwas Fundamentales, Inneres, Wesentliches auszudrücken, dessen erste, wilde und unsystematische Sprache sie wäre (...) Die Gewalt des Zengakuren geht ihrer eigenen Regulation nicht voraus, sie wird mit ihr, im selben Augenblick, geboren: sie ist unmittelbar Zeichen: Sie drückt nichts aus (weder Haß noch Unwillen noch eine moralische Idee) und hebt sich um so sicherer in einem vergänglichen Ziel auf (...) Der Kampf des Zengakuren bleibt in seinem operativen Charakter ein großes Szenario der Zeichen.«

»Wussten Sie, dass die Chinesen kleine Kinder fressen?«

Der Eiertanz um die Vergangenheit

»Wussten Sie«, fragt der junge Mann an meiner Seite und senkt seine Stimme auf Flüsterton, »wussten Sie, dass die Chinesen kleine Kinder fressen?« Wir stehen in einem überfüllten Zug, um in einen der grauen Vororte am anderen Ende von Tokyo zu fahren. Das genaue Ziel kenne ich nicht. Mein Kontaktmann ist Student, Anfang zwanzig. Er wird mich zu Masaaki Tanaka bringen, den er *sensei* nennt, den verehrten Herrn und Meister.

Während der Bahnfahrt ins Ungewisse erklärt mir Matsuo, weshalb er für Tanaka arbeitet, den ehemaligen Sekretär des Kriegsverbrechers Iwane Matsui, Kommandant der Kaiserlichen Japanischen Armee in Nanking zwischen 1937 und 1938.

Er wolle die Wahrheit über Nanking herausfinden, sagt Matsuo. Und hilft nun Tanaka dabei, Beweise zu sammeln, dass es das Massaker von Nanking nicht gegeben habe. Von einem Beweis erzählt er: Die Knochen und Schädel, die im Gedächtnismuseum in Nanking ausgestellt sind, könnten unmöglich von Opfern aus dem Jahr 1937 stammen, sondern seien aus der Zeit der Kulturrevolution. Denn die Schädel im Museum wiesen Kopfeinschüsse auf, die japanischen Soldaten hätten jedoch stets direkt in die Brust und nicht in den Kopf geschossen.

1987 schrieb Masaaki Tanaka ein Buch mit dem bezeichnenden Titel »Was in Nanking wirklich geschah«.

Nanking hat Symbolcharakter in der japanischen Auseinandersetzung mit seiner Kriegsvergangenheit. Das Massaker wurden in den japanischen Schulbüchern jahrzehntelang nur als »Nanking-Zwischenfall« erwähnt. Heute wird das Massaker auch dort meist beim Namen genannt.

Der Meister wartet vor einem Kaufhaus. Eine unauffällige Gestalt, etwas korpulent, mit verwaschenen Gesichtszügen und einem gewissen brutalen Zug um den Mund. Er sieht uns kommen und steuert, weil die Hierarchie klar ist, ohne sich lange mit Höflichkeiten aufzuhalten, auf den Eingang zu. Unten gibt es Parfüm, Handtaschen und Damenwäsche, ganz oben Restaurants, dazwischen noch mehr von den Dingen, die in Japan im Überfluss vorhanden sind.

In einem dieser Restaurants im obersten Stockwerk ist ein Tisch für uns reserviert. Das Restaurant ist leer, aus den Lautsprechern plätschert sterile Musik. Tanaka setzt sich hin, bestimmt, was zu bestellen ist und beginnt zu sprechen. Wie viele alte Männer in Japan es tun, richtet er sich nicht direkt an mich, sondern spricht via Matsuo, der japanisch-japanisch übersetzt, also das von mir Gesagte in schönes Japanisch überträgt und die Worte des Meisters erklärend wiederholt.

Der 1911 geborene Masaaki Tanaka, selbst ernannter Historiker zur Erforschung von Nanking, stützt sich beim Gehen auf einen Stock, doch wenn es um die »Lügen« geht, die die Welt angeblich über Japan verbreitet, wird er heftig und temperamentvoll. Wie bei der weitverbreiteten »Lüge« über den japanischen Invasionskrieg in Asien: »Es war keine Invasion! Es war eine Befreiung! Japan wollte die asiatischen Nachbarländer von den westlichen Kolonialherren befreien!«

Damit bedient sich Tanaka der Propaganda der damaligen Zeit. Mit der Befreiungsideologie rechtfertigte Japan seinen Feldzug, der 1931 in der Mandschurei begann und bis zu den beiden Atombombenabwürfen auf Hiroshima und Nagasaki im August 1945 ganz Asien überzog. Japan wollte ein Groß-Ostasien unter seiner Führung errichten. Diesen Geist beschwor auch die Monatszeitschrift der Groß-Ostasiatischen Gesellschaft, erklärt Tanaka. Er war seit 1933 Mitglied der Groß-Ostasiatischen Gesellschaft und Herausgeber dieser Monatszeitschrift, wie er bei dem Treffen stolz erzählt.

Wir schreiben das Jahr 1998. Recherchen für ein Radiofeature über die kürzlich aufgetauchten Tagebücher von John Rabe, deren Publikation die Revisionistenszene in Japan in Unruhe versetzt hat.

Tanaka beweist Nibelungentreue. Kommandant Matsui habe niemals Verbrechen begangen, er habe in China keinen einzigen Befehl gegeben, Frauen oder Kinder zu töten. Im Gegenteil, er habe befohlen, sie zu achten. Alles andere seien Gerüchte, falsche Behauptungen. Dass Matsui nach Kriegsende vom Tokyoter Tribunal als Kriegsverbrecher verurteilt und hingerichtet wurde, sei ein Beweis für die Siegerjustiz, die beim Kriegsverbrechertribunal vorgeherrscht habe. Nichts als Lügen, Gerüchte, falsche Behauptungen auch im Buch der amerikanisch-chinesischen Journalistin Iris Chang, »The Rape Of Nanking«. Lügen auch in den Tagebüchern des Hamburger Kaufmanns und Nationalsozialisten John Rabe, der Augenzeuge der Geschehnisse von 1937 war und der als »Der gute Deutsche von Nanking« in die Geschichte eingegangen ist.

Rabes Tagebücher aus seiner Zeit in China moderten jahrzehntelang auf einem Dachboden in Berlin vor sich hin, ehe Iris Chang bei ihren Recherchen Hinweise auf deren Existenz fand, in Berlin Rabes Enkelin ausfindig machte und die Aufzeichnungen als wichtige historische Quelle der Vergessenheit entriss. John Rabe, der Leiter der Siemens China Company in Nanking, hatte 1937 angesichts der japanischen Eroberung Chinas gemeinsam mit anderen Ausländern ein internationales Hilfskomitee gegründet und eine Sicherheitszone für die Bevölkerung eingerichtet. Damit rettete er rund zweihunderttausend chinesischen Zivilisten das Leben. Rabe setzte bei seiner humanitären Hilfe – allerdings vergeblich – auf die Macht des Hakenkreuzes und des Führers. Er war NSDAP-Mitglied und ein glühender Verehrer Hitlers, wie aus einem Brief hervorgeht, den er Hitler 1937 aus China geschrieben hat. Antwort und Hilfe des Führers blieben aus, Rabe wurde nach seiner Rückkehr aus China 1938 von der Gestapo verhaftet und durfte nicht mehr über das berichten, was er in China gesehen hatte. Denn das hätte die guten Beziehungen zwischen dem Japanischen Kaiserreich unter Kaiser Hirohito und Nazi-Deutschland sowie die Achse Berlin–Tokyo gefährdet.

In seinen Tagebüchern schreibt Rabe über Massenerschießungen und -vergewaltigungen, Morde an Kindern und Zivilisten, über Plünderungen und unvorstellbare Gräueltaten. Bei der Einnahme von Nanking durch Truppen der Kaiserlichen Japanischen Armee wurden nach heutigen Erkenntnissen chinesischer und westlicher Historiker zwischen zweihundertfünfzig- und dreihunderttausend Menschen getötet und Zigtausende chinesische Frauen vergewaltigt.

Nach Erscheinen der Bücher von Iris Chang und den von Erwin Wickert herausgegebenen Tagebüchern John Rabes lässt Masaaki Tanaka sein Werk ins Englische übersetzen: »What Really Happened in Nanking. The Refutation of a Common Myth« und verschickt es an Dutzende Japanwissenschaftler in den USA. Auf ihrer Homepage versuchen Tanaka und seine Leute Iris Chang und John Rabe mit den pseudo-wissenschaftlichen Argumenten und Zahlenspielen zu widerlegen, wie sie die Revisionisten so gerne anwenden.

Besonders traurig sei er darüber, erzählt Tanaka im Kaufhausrestaurant, dass neuerdings (!) in den japanischen Schulbüchern sogar über angebliche Zwangsprostituierte und das angebliche Massaker von Nanking geschrieben werde dürfe. Das seien Beispiele für die masochistische Geschichtsauffassung, die sich breitmache. Die heutigen Schulbuchautoren seien eben alle Kommunisten.

Masaaki Tanaka stirbt 2006 im hohen Alter von fünfundneunzig Jahren, als ein Unverbesserlicher.

Im Laufe der Jahre, in denen ich mich mit der japanischen Kriegsvergangenheit und ihrer Aufarbeitung beschäftigt habe, begegnen mir viele seiner Art. An einen erinnere ich mich besonders gut, vielleicht weil sich er und Tanaka in Statur, Auftreten und der Art zu sprechen verblüffend ähnelten. Es war im Park des Yasukuni Schreins, im Tokyoter Bezirk Chiyoda-ku. Ein Ort, der mich stets magisch angezogen hat, nicht nur wegen der wunderbaren Kirschblütenallee, sondern auch als eine Oase inmitten der Großstadt. Mit dem Yasukuni Schrein ist ein Geheimnis verbunden, das tief in die japanische Seele führt.

Der alte Mann stand bei den Kampfpanzern, die damals noch im Park ausgestellt waren. Ich sprach ihn einfach an und fragte ihn nach der Kriegszeit. Auch er stützte sich auf einen Stock, auch er hatte das schwammige Gesicht mit dunklen schmalen Lippen, von denen der Speichel rann, wenn er in Fahrt geriet. An der rechten Hand hielt er seinen Enkel.

»Für uns Japaner ist es üblich, zu Jahresende den Yasukuni Schrein zu besuchen, um die im Krieg Verstorbenen zu ehren«, erklärte er. Hier seien die Seelen seiner Freunde, die wie er selbst im Krieg gekämpft hatten. In Neu Guinea hatte er gekämpft. Zweieinhalb Jahre hatte er sich im Dschungel durchgeschlagen, von der Armeeführung im Stich gelassen, ohne Nachschub und Verpflegung. Neu Guinea – ich assoziiere: japanische Invasion im Norden 1942. Beim Kriegsverbrechertribunal für den Fernen Osten angeklagt: Kannibalismus an westlichen Kriegsgefangenen – mit dem Decknamen »weiße Schweine« bezeichnet –, Kannibalismus an den Einheimischen – »braune Schweine«

– und an den eigenen gefallenen Kameraden. Die Hölle auf Erden.

Der Alte im Park gehörte zu einer Einheit, die sich für den Angriff auf Australien rüstete. Als habe er meine Gedanken gelesen, sagt er: »Dort, wo ich war, in Neu Guinea, dort waren wir Täter«, sagt er und fügt rasch hinzu: Prinzipiell lasse sich die Frage, ob Japan im Pazifischen Krieg Opfer oder Täter gewesen sei, nicht eindeutig beantworten. Denn aufgrund des von Amerikanern, Briten und Holländern über Japan verhängten Rohstoff-Embargos von 1941 habe es keinen anderen Weg als den Krieg gegeben: »Die haben keine Lebensmittel, Erdöl oder Kautschuk nach Japan gelassen. Wir hatten keine Wahl, es gab keine Güter mehr, nichts zu essen, kein Benzin, nichts! Die USA und Großbritannien – die hatten viel von alledem! Und hier war nichts. Das musste zum Krieg führen! Deswegen glaube ich, dass man einfach nichts machen konnte.«

Und der Yasukuni Schrein hier? Ein heiliger Ort. Ein Ort, an dem die Seelen all jener verehrt werden, die ihr Leben im Kampf für Japan hingegeben haben. Was das genau heißt, das will ich seit Jahren wissen. Wo sind sie, die Seelen, und warum verehrt man ausgerechnet die Kriegstoten? Weil sie für das Land, für die Nation gestorben sind, mehr kann auch der alte Mann mir nicht sagen. Nur dass die zweieinhalb Millionen Kriegstoten zu Recht seit 1868 hier verehrt werden, und was denn das heißen solle, dass darunter hochrangige Kriegsverbrecher wie der Nanking-Kommandant Iwane Matsui oder der ehemalige Premierminister Hideki Tojo seien, die vom Tokyoter Kriegsverbrechertribunal verurteilt und hingerichtet worden waren? »Siegerjustiz!«, fällt dem Alten ein, und: Was hätte Japan denn tun sollen, damals, angesichts des Öl- und Rohstoffembargos durch die Alliierten? Erregt ist er, der alte Mann, die Röte ist ihm ins Gesicht gestiegen, es gibt nichts mehr zu sagen, er dreht sich um und geht.

Es gibt einen inneren Bereich des Shinto-Heiligtums, den niemand betreten darf. Besucherinnen und Besucher kommen nur bis zum vorderen Teil. Dort wo die hölzerne Spendenbox aufgestellt ist, werfen sie ihre Spende hinein, klatschen dreimal in die Hände, um die Aufmerksamkeit der Götter zu wecken, halten kurz inne – im Gedenken an die Seelen der Verstorbenen? – und gehen wieder ihrer Wege. Manchmal verewigt sich einer im Gästebuch. Manchmal ist es ein hochrangiger Politiker. Ein Premierminister. Manchmal ist der Tag des Besuchs ausgerechnet der 15. August, der Jahrestag der Kapitulation Japans. Manchmal stellt einer der Politiker ein Pflänzchen vor dem Schrein ab, und wenn ihn Journalisten dann befragen, dann sagt er, er habe es aus seiner Privatschatulle bezahlt. Dann legt sich die mediale Aufregung wieder. So wie sie sich jedes Mal wieder legt. Das ganze Spiel rund um die offiziellen Besuche beim Schrein folgt einem immer gleichen Ritual. Das ist seit Nakasone so, der den Reigen Mitte der achtziger Jahre eröffnete. Dem Politikerbesuch beim Yasukuni, oder auch nur dessen Ankündigung, folgen heftige Proteste aus China und Korea, es gibt eine kurze außenpolitische Verstimmung. Manchmal pilgert der Politiker – stets sind es Männer – daraufhin wenige Tage vor oder nach dem heiklen Termin zum Schrein. Oder kündigt an, ganz privat hinzugehen, nicht in seiner Funktion als Minister oder Premier. In den letzten Jahren, mit zunehmender wirtschaftlicher Verflechtung, sind die Proteste aus China und Korea relativ rasch wieder abgeklungen. 2010 hat Premier Naoto Kan von der Demokratischen Partei das Spielchen durchbrochen und angekündigt, er werde während seiner Amtszeit den Schrein nicht besuchen, da dort auch Kriegsverbrecher der Kategorie A (Verschwörung gegen den Weltfrieden) verehrt werden. Ein neuer Wind?

In den vielen Jahren, in denen ich mich mit dem Eiertanz um die japanische Vergangenheitsaufarbeitung beschäftige, der sich im Ringen um möglichst unkonkrete Formulierungen, um die Darstellung der Geschichte in Museen oder Schulbüchern, im Offenlassen von Interpretationen, in öffentlichen »Ausrutschern« von Politikern, halbherzigen Entschuldigungen und gelegentlichen Rücktritten, im Vermeiden von Entschädigungszahlungen an Opfer wie Zwangsprostituierte oder Zwangsarbeiter manifestiert, in all den Jahren habe ich in Japan immer wieder Menschen kennengelernt, die sich an der Basis, an ihren Universitäten oder Schulen, in ihrem privaten Umfeld, in NGOs für Wiedergutmachung engagieren, die Fakten recherchieren und publik machen, Ausstellungen organisieren, die dem offiziellen Geschichtsbild entgegenstehen, Privatinitiativen setzen. Oft sind es dieselben Namen, oft führen die Fäden zueinander. Ich nenne sie insgeheim mein »Netzwerk«.

Es sind Studierende, Künstlerinnen und Künstler, Lehrende, Intellektuelle, Menschen, die die offizielle Linie nicht akzeptieren wollen und denen ich viel von dem verdanke, was ich weiß. Menschen, die mir eines vermittelt haben: Es gibt ein anderes Japan. Was fehlt, ist ein breiter gesellschaftlicher Konsens über die Interpretation der Geschichte.

2009 erzählt Florian Gallenberg John Rabes Geschichte in einem Kinofilm mit Ulrich Tukur in der Hauptrolle. Der Film wird mit dem Deutschen Filmpreis ausgezeichnet. Zwei Jahre zuvor produziert Hollywood unter Regisseur Bill Guttentag eine preisgekrönte Spielfilm-Doku über das Massaker von Nanking, in deren Mittelpunkt John Rabes Geschichte steht. Darin zu sehen die vermutlich letzten Zeitzeuginnen und -zeugen – Opfer aus China, Täter aus Japan. Der Streifen kam im Juli 2007 auch in die chinesischen Kinos. In Japan wird er vermutlich nie zu sehen sein. Mit einer kleinen Ausnahme: einer Aufführung vor rund dreißig Studierende der Städtischen Universität Nagoya, im Rahmen meiner Vorlesung über die japanische Erinnerungskultur im Sommersemester 2009.

Nanking bleibt eine Fußnote

Das Schulbuch als Ausdruck des offiziellen Geschichtsbilds

Im Hörsaal herrscht absolutes Schweigen. Während der Nachspann zu Bill Guttentags Spielfilm-Doku »Nanking« läuft, wende ich mich zu den Studierenden, versuche, in ihren Gesichtern zu lesen. Viele haben den Kopf gesenkt. Einige wischen sich verstohlen die Augen.

»Möchte jemand etwas zu dem Film sagen?«, frage ich und ahne doch schon aufgrund der Erfahrungen der vergangenen Monate, dass sich niemand freiwillig melden wird. Stille. Wieder bin ich mir nicht sicher, ob sie nichts sagen wollen oder nichts sagen können, weil sie es nicht verstanden haben.

»Erinnerungskultur in Österreich und in Japan«, das war das Thema meiner Gastvorlesung. Fokus: Umgang mit der NS-Zeit in Österreich, Umgang mit dem sogenannten Fünfzehnjährigen Krieg zwischen 1931 und 1945 in Japan. Die Vorlesung war eine Lehrveranstaltung im Rahmen Interkultureller Studien, musste ein kulturvergleichendes Thema behandeln und in englischer Sprache abgehalten werden – das waren die einzigen Vorgaben, alles andere hatte mir die Städtische Universität Nagoya freigestellt. Die Unterrichtssprache sollte zunächst eine der größten Hürden darstellen. Langjährige Japan-Insider meinten sarkastisch, dass derartige

Gastprofessuren wohl in erster Linie dazu dienten, die Englischkenntnisse der Studierenden zu verbessern. Auch inhaltlich musste ich bei null beginnen. Die Shoah und die Auseinandersetzung mit Geschehnissen, die siebzig Jahre zurückliegen, waren für die Studierenden, die in erster Linie mit der Frage beschäftigt waren, ob sie in ein paar Jahren einen Job finden würden, Nachrichten aus einer fremden Welt. Weitgehend fremd für sie auch die Vergangenheit ihres eigenen Landes.

Bill Guttentags Film ist eine Montage aus dokumentarischem Material, aufgenommen von einem amerikanischen Missionar, aus Interviews mit Zeitzeuginnen und -zeugen sowie Originaltexten aus Briefen und Tagebuchaufzeichnungen der ausländischen Helfer, gelesen von Schauspielern. Chinesische Überlebende des Massakers zeigen die tiefen Narben an Körper und Seele, die ihnen über die Jahrzehnte geblieben sind, ehemalige japanische Militärs geben Morde und Vergewaltigungen zu.

Ob den Studierenden so etwas zumutbar sei? Der mich betreuende Professor äußerte vorweg seine Bedenken. Die jungen japanischen Studierenden seien sehr sensibel, ich solle darauf Rücksicht nehmen.

Erst als wir die Sitzordnung im Hörsaal aufbrechen und uns in einem Halbkreis setzen, wagen sich einige aus der Reserve. Sie sind erschüttert und überwältigt von der Dimension der Verbrechen. Besonders schockiert sind sie von den Aussagen der japanischen Veteranen. Manche meinen, sie schämten sich für Japan. »Aber wer sagt uns denn, dass das die Wahrheit ist?«, meint eine Studentin schließlich. »Wem soll ich glauben – Ihnen, dem Film oder den Websites, auf denen steht, dass das alles eine Erfindung des Westens ist?« Eine andere Studentin nickt.

Bei der Einnahme von Nanking durch Truppen der Kaiserlichen Japanischen Armee wurden nach heutigen Erkenntnissen zwischen zwei- und dreihunderttausend Menschen getötet und Zigtausende chinesische Frauen vergewaltigt. Im Internet sei von weitaus weniger Toten die Rede, sagt die Studentin. Ich stelle die Gegenfrage: Wie könnten sie sich selbst ein objektives Bild über die historischen Fakten machen? Sie wissen keine Antwort.

Ich gebe ihnen die Aufgabe, für den Abschlusstest einige Fragen schriftlich zu beantworten: Was haben sie im Geschichtsunterricht in der Schule über die japanische Kriegsvergangenheit gelernt? Fanden sich Kriegsverbrechen wie das Massaker von Nanking, die sogenannten »Trostfrauen« oder die Einheit 731 in ihren Schulbüchern? (Die euphemistische Bezeichnung »Trostfrauen« ist eine wörtliche Übersetzung aus dem Japanischen, die sich mittlerweile etabliert hat. Mindestens zweihunderttausend Frauen, möglicherweise aber auch eine weitaus höhere Zahl, wurden in einem von der Kaiserlichen Japanischen Armee organisierten System aus ganz Asien als Zwangsprostituierte in Frontbordelle verschleppt. Die dem Army Medical College unterstellte Einheit 731 führte in der Mandschurei Forschungen zur bakteriellen und biologischen Kriegsführung und Menschenexperimente durch, bei denen mindestens dreitausend Menschen starben. Die Verbrechen kamen nicht vor das Tokyoter Kriegsverbrechertribunal, da sich die USA die Untersuchungsergebnisse sicherten.) Was wissen sie von den Revisionisten? Was wissen sie aus anderen Quellen über die Kriegszeit, und was war in der Vorlesung neu für sie?

Die jungen Menschen, die vor mir sitzen, haben etwa zwischen 1999 und 2007 die Junior High School und die High School besucht. Da das Medium Schulbuch in Japan bei der Auseinandersetzung über die Interpretation der Vergangenheit eine besondere Rolle spielt, wollte ich wissen, was diese Generation im Unterricht erfahren hat. Die Schulbücher unterliegen durch die Zulassungsbehörde im Erziehungsministerium einer starken staatlichen Kontrolle. Die Auswahl der Texte für den Geschichtsunterricht spiegelt im Besonderen Maße die Haltung des Staates zur Kriegsvergangenheit wider. »Was in den Schulbüchern steht, ist ein Symbol für die japanische Haltung, sich an die Kriegsvergangenheit zu erinnern«, wie ein Student richtig schreibt.

1996 wurde ein »Verein zur Erstellung neuer Geschichtslehrbücher« gegründet, der sich auf Englisch als »Japanese Society for History Textbook Reform« bezeichnet. Der Verein fordert ein Ende des »masochistischen Geschichtsbildes«, das seit der Nachkriegszeit in den Geschichtslehrbüchern, etwa durch die Darstellung der »japanischen Aggression in Asien« vertreten werde. Zum Stein des Anstoßes wurde vor allem die Erwähnung der »Trostfrauen« in den Schulbüchern. 2001 wurde das Buch für den Unterricht zugelassen, allerdings nur an wenigen Schulen verwendet; seine Neuauflage 2005 führte zu heftigen antijapanischen Protesten in China.

Der japanische Historiker Takashi Yoshida sieht im Erstarken der Revisionisten eine Gegenbewegung zur früheren Geschichtsdarstellung. Er weist darauf hin, dass das Massaker von Nanking unmittelbar nach 1945, spätestens aber durch eine aufsehenerregende Artikelserie in der *Asahi*-Zeitung 1971 wesentlicher Bestandteil der japanischen Nationalgeschichte geworden ist.

Später werte ich die Antworten der sechsundzwanzig Studierenden aus. Tenor: »Nanking« war eine Fußnote in ihrem Geschichtsunterricht, reduziert auf einen Begriff, einen Ort, einen Zeitraum, einen »Zwischenfall, bei dem es eine große Zahl an chinesischen Opfern gegeben habe«. Was konkret geschehen ist, bleibt vage, das gilt auch für die »Trostfrauen«. Oder, wie eine Studentin in ihrer Abschlussarbeit schreibt: »Das Massaker von Nanking war wohl etwas ziemlich anderes als der ›Nanking-Zwischenfall‹, von dem ich im Geschichtsunterricht gehört habe.« Das kollektive Gedächtnis über die Kriegszeit bleibt auf die Opferrolle Japans und die Atombombenabwürfe beschränkt, die Botschaft lautet: So etwas Schreckliches wie Krieg dürfe sich niemals wiederholen.

Eine Studentin erinnert sich, dass ihr Geschichtsbuch eine Schwarz-Weiß-Abbildung mit chinesischen Opfern zeigte, woraus sie als Kind die Schlussfolgerung zog, dass dort schlimme Dinge passiert sein mussten. Vier Studierende schreiben, die »Trostfrauen« seien in ihren Geschichtsbüchern gar nicht vorgekommen. Mehr als die Hälfte der Studierenden hat in meiner Vorlesung zum ersten Mal von der Einheit 731 gehört.

Einige berichten von Filmen, TV-Dokus, Büchern und gelegentlichen Gesprächen innerhalb der Familie über die Kriegszeit. Immer wieder geht es dabei um die Atombombenabwürfe auf Hiroshima und Nagasaki, um die schweren Luftangriffe auf Tokyo gegen Kriegsende, Not und Leid der Bevölkerung in Japan. Alle waren auf Schulexkursion in Hiroshima. Meine beste Studentin, die eine Zeitlang im Ausland verbracht hat und die hervorragend Englisch spricht, schreibt sinngemäß: »Alljährlich um den Jahrestag der japanischen Kapitulation am 15. August gibt es massenweise Fernsehprogramme darüber, dass Japan von den USA besiegt worden ist. Da kommen dann die Atombomben vor, Hunger, Mangel und das Leid der Bevölkerung. Jede einzelne Geschichte lässt die Japaner in Tränen ausbrechen!«

Eine Studentin erzählt folgende Geschichte: Ihre High School hatte eine Exkursion zur Gedenkstätte in Nanking geplant. Doch nach dem Besuch von Premierminister Koizumi beim Yasukuni Schrein zum 15. August und den antijapanischen Protesten in China sei das Reiseziel geändert worden. Die Schulklasse fuhr stattdessen zur Atombombengedenkstätte nach Nagasaki.

Was nun in dieser Lehrveranstaltung neu für sie war? »Alles«, schreibt einer. »Die Details über Nanking«, schreiben alle. Alle haben zum ersten Mal Zeitzeuginnen und -zeugen oder Bildmaterial gesehen. Niemand hat je von John Rabe und der

Internationalen Sicherheitszone gehört. Eines geht aus allen Antworten hervor – tiefe Betroffenheit, Erstaunen und auch Ärger darüber, dass ihnen so vieles vorenthalten wurde.

So verwundert es wenig, dass sie auch die Ursachen für ihr Nichtwissen nicht kennen: Rund ein Drittel hat von der Bewegung der Revisionisten noch nie etwas gehört. Eine Studentin lässt aufhorchen: Sie wisse von dem Konflikt aus dem Fernsehen. In fast allen TV-Berichten seien die neuen Geschichtsbücher für den Schulunterricht kritisiert worden. Und dann erwähnt sie den rechtsgerichteten Pay-TV-Sender *Channel Sakura*, den sie im Internet angesehen habe. Dort habe sie einen Bericht über die Nanking-Gedenkstätte in China gesehen, in dem die korrekte Darstellung der Ereignisse massiv in Zweifel gezogen worden sei. Als Argument habe der Bericht angeführt, dass die in der Gedenkstätte ausgestellten Schädelknochen unmöglich von 1937 stammen könnten.

Der chinesische Gaststudent beantwortet die Fragen aus seiner chinesischen Perspektive. In seinem Geschichtsunterricht sei es fast ausschließlich um japanische Kriegsverbrechen wie das Massaker von Nanking, das in China jeder Mensch kenne, oder die Einheit 731 gegangen. Auch aus Film und Fernsehen wisse er hinlänglich Bescheid: »Wir sind mit den Berichten über die Kriegsvergangenheit aufgewachsen!« Mit einer Einschränkung: Die »Trostfrauen« kamen in den chinesischen Schulbüchern auch nicht vor. Das Thema ist in China tabuisiert.

Nach der Filmvorführung kommt er in meine

Sprechstunde. Er druckst ein wenig herum. Er möchte sich für die Filmvorführung bedanken, sagt er schließlich, denn er finde es ausgesprochen mutig, einen solchen Film an einer japanischen Universität zu zeigen. Ob ich denn nun keine Angst hätte?

Sugiharas Liste

Japans ambivalente Judenpolitik

Rabbi Strausberg wundert sich sehr, dass jemand den Weg von Wien auf sich nimmt, um ihn in seiner kleinen Synagoge in Kobe zu besuchen. Der jüdischen Gemeinde von Kobe gehören nur einige wenige Familien an. Das Interesse an Japans historischem Verhältnis zu den Juden findet er ziemlich exotisch. Jüdische Flüchtlinge, die in Japan geblieben sind, fallen ihm nicht ein. Aber Choueke-San, die älteste Jüdin von Kobe: »Es ist allerdings sehr unwahrscheinlich, dass sie Sie empfängt!« Seit dem großen Erdbeben vom Jänner 1995 verlasse die alte Dame ihr Haus nur mehr einmal täglich, um ihren Lunch einzunehmen, und vermeide alle Kontakte.

Sie war blutjung, sechzehn, als sie mit ihrem Ehemann, einem reichen Geschäftsmann aus Syrien, nach Kobe emigrierte. Das war 1936. Eine riesige Schwarz-Weiß-Fotografie im Foyer ihres Hauses zeigt sie in diesem Alter. Sie war bildschön. Ihr Haus, *choueke no yashiki,* ist eine der Ausländervillen aus dem Ende des 19. Jahrhunderts und beherbergt ein Museum, wie es Japanerinnen und Japaner lieben: internationales Flair, feines europäisches Interieur, Schmuck und Porzellan in Glasvitrinen, eine beachtliche Holzschnittsammlung. Die japanische Empfangsdame mustert mich misstrauisch und schüttelt sofort den Kopf: Choueke-San empfängt niemanden. Es braucht einige Überredungskünste auf Japanisch. Als sie nach einer Weile zurückkehrt, kann sie die Botschaft selbst kaum glauben: »Sie sagt ja!« Ich schiebe die dicke Kordel zur Seite, die die Privatgemächer vom Museum trennt, und steige die blank gescheuerten Holzstufen hinauf.

Die ersten Juden kamen im 19. Jahrhundert nach Japan und besiedelten die Hafenstädte Yokohama und Nagasaki. Die größte jüdische Community mit ein paar Hundert Mitgliedern ist heute in Tokyo. In Kobe siedelten sich die ersten Juden nach dem Ersten Weltkrieg an – sie kamen vor allem aus Syrien, dem Iran und dem Irak. Später stießen russische Juden aus Harbin dazu. Mit Ausbruch des Zweiten Weltkriegs fanden viele der jüdischen Flüchtlinge – zeitweise einige Tausend –, denen der japanische Vizekonsul in Kaunas, Chiune Sugihara, Transitvisa ausgestellt hatte, vorübergehend in Kobe Unterschlupf.

Chiune Sugihara sei eine in jeder Hinsicht ungewöhnliche Person gewesen, meint der Japanologe Martin Kaneko, Professor an der Japan Women's University in Yokohama. Chiune Sugihara wurde Ende August 1939 japanischer Vizekonsul in der litauischen Hauptstadt. Nach Beginn des Zweiten Weltkriegs fiel Litauen aufgrund des deutsch-sowjetischen Nichtangriffspakts der sowjetischen Interessensphäre zu und wurde sukzessive von sowjetischen Truppen besetzt. 1939 lebten in Litauen rund 150.000 Juden, später kamen Tausende Flüchtlinge aus Polen hinzu. Da sie auch in Litauen der Verfolgung nicht entkommen konnten, sahen viele den Weg über China und Japan in ein sicheres Drittland als letzten Ausweg.

Für Vizekonsul Chiune Sugihara begann das Flüchtlingsdrama am Morgen des 27. Juli 1940. Seine Frau Yukiko hält in der Biografie ihres Mannes fest, dass sich in der ansonsten ruhigen Straße vor dem Konsulat hundert oder gar zweihundert Menschen versammelten: »Sie sahen verängstigt und erschöpft aus, verhungert und schmutzig. Einige stiegen über den Zaun. Es war chaotisch.« Ihr Mann sei hinuntergegangen und mit der Erklärung wiedergekehrt, es seien polnische Juden, die vor den Nazis geflohen sind. Sie wollten von ihm ein Visum, um das Land zu verlassen.

»Es ist ein Irrtum zu glauben, Sugihara hätte den Menschen geholfen, weil sie Juden waren«, meint der Journalist und ehemalige Militärattaché an der deutschen Botschaft in Tokyo, Heinz-Eberhard Maul. Sugihara habe aus rein humanitären Gründen gehandelt. Mauls Buch »Warum Japan keine Juden verfolgte« ist 2007 im *iudicium* Verlag erschienen. »Für die Japaner waren (und sind) Juden in erster Linie Fremde wie andere Nicht-Japaner auch«, ergänzt Masanori Miyazawa, emeritierter Professor in Kyoto, der als japanischer »Juden-Experte« bezeichnet wird. Literarische Figuren wie der Shylock aus dem »Kaufmann von Venedig« hätten das japanische Judenbild geprägt: »Erst 1933, mit der Machtergreifung der Nazis in Deutschland, wurde der japanischen Regierung bewusst, dass sie reagieren musste. Im Dezember 1938 wurden dann die sogenannten Judenmaßnahmen erlassen.«

Die Empfangsdame klopft an eine Tür im ersten Stock und entfernt sich leise. Ein eiskaltes, riesiges Zimmer. Ein Tischchen mit einer Schale Obst. Ein Schminktisch. In einem überdimensionalen Doppelbett eine wachsbleiche, zerbrechlich wirkende alte Dame mit weißem Haar und Brille. Vor sich auf der Decke einen Packen englischsprachiger Zeitungen und die Fernbedienung für die Klimaanlage. Auf dem Nachttisch eine Wasserflasche und jede Menge Medikamente. Ich trete ans Bett und gebe Frau Choueke die Hand. Sie zeigt auf einen weit vom Bett entfernten Hocker. Eine Weile verharren wir stumm. Dann beginnt sie mit leiser Stimme Fragen zu stellen nach dem Woher und Warum und vor allem: »Warum interessieren Sie sich für Juden?« Ihr künstliches Gebiss macht dabei ein klapperndes Geräusch. »Ich erzähle nichts. Ich will mich nicht an die Vergangenheit erinnern«, sagt sie dann auf Englisch mit hartem Akzent und ihr Atem geht schwer und sie bleibt dabei. Wieder Schweigen. Und dann: »Nehmen Sie doch etwas Obst!« Sie deutet auf die Schale mit Äpfeln und Mandarinen. Danach spricht sie nicht mehr. Ich bleibe noch eine Weile sitzen, dann nehme ich nochmals ihre Hand, die leicht ist wie Papier.

1931 inszeniert Japan einen Überfall auf eine Eisenbahnlinie in der Mandschurei und schafft damit den Anlass zum offenen Kampf mit den chinesischen Truppen. 1932 errichtet Japan den Marionettenstaat Manchukuo. Japanische Historiker setzen damit den Beginn des Fünfzehnjährigen Krieges an, dessen Ende erst durch die amerikanischen

Atombombenabwürfe auf Hiroshima und Nagasaki im August 1945 erzwungen werden sollte. »Japan wollte die Juden für seine Expansionsziele gewinnen«, erklärt Heinz-Eberhard Maul, »und sie nutzbringend in der Mandschurei ansiedeln.« Einer dieser Pläne war der sogenannte Fugu-Plan, der die Ansiedelung von rund dreißigtausend Juden in der Mandschurei vorsah, aber nie realisiert wurde. Der Fugu-Plan ist benannt nach einer ganz besonderen japanischen Fischspezialität: die Leber des Kugelfischs Fugu ist so giftig, dass Spuren genügen, um einen Menschen zu töten. Nur ausgewiesene Experten können den Fugu so zubereiten, dass er genießbar ist.

Die sogenannten Judenmaßnahmen wurden auf Basis der Fünfministerkonferenz vom 6. Dezember 1938 erlassen und sahen folgende Unterpunkte vor:

Juden, die in den Hoheitsgebieten von Japan, Manchukuo und China leben, erhalten die gleiche gerechte Behandlung wie andere Ausländer.

Neuzugänge werden gerecht und nach den allgemeinen Bedingungen der Einreisebestimmungen behandelt.

Es soll vermieden werden, Juden zu ermuntern, nach Japan, Manchukuo und China zu kommen, mit der Ausnahme von Kapitalisten oder Ingenieuren, die für Japan von Nutzen sind.

»Eine judenfreundliche Haltung lässt sich daraus keineswegs ablesen!«, ärgert sich Martin Kaneko über Versuche, aus diesen Richtlinien abzuleiten, dass Japan überaus großzügig jüdische Flüchtlinge aufgenommen habe. In seinem Buch »Die Judenpolitik der japanischen Kriegsregierung«, das 2008 im Metropol Verlag Berlin herausgekommen ist, versucht Kaneko diese Argumentation zu widerlegen, die vor allem unter den Revisionisten populär ist. Kaneko hält auch den Titel von Heinz-Eberhard Mauls Buch für irreführend und schlichtweg falsch: »Japan war genau wie andere Staaten NICHT judenfreundlich!« Feststehe, dass Japan keine Juden verfolgt und schon gar nicht liquidiert habe, beharrt unterdessen Heinz-Eberhard Maul auf der These seines Buches.

Im Flüchtlingsdrama von Kaunas erhielt Vizekonsul Chiune Sugihara 1940 folgende Anweisung des Außenministeriums in Tokyo: »Es wird darauf hingewiesen, dass diejenigen, die ein Transitvisum für unser Land wünschen, das Antragsverfahren für ein Einreisevisum in das Zielland abgeschlossen haben müssen. Wenn dies nicht erfüllt ist, wird die Einreise in unser Land verweigert.« Mit dieser Haltung habe die japanische Regierung Sugihara nicht eindeutig verboten, Transitvisa auszustellen, interpretiert Heinz-Eberhard Maul.

Die International Clinic in Tokyo, die die Bezeichnung »Klinik« eigentlich nicht ganz verdient, ist eine Institution. Über dem Eingang des ehemaligen britischen Bankgebäudes aus dem 19. Jahrhundert im Stadtviertel Roppongi prangt ein Schild, das keinen Zweifel daran lässt, wer hier das Sagen hat: Dr. Eugene Aksenoff, Klinikgründer und ärztlicher Leiter. Aksenoff, ein hochgewachsener, hagerer Mann im weißen Mantel, eilt von einem Termin herbei und begrüßt seinen Besuch mit dunkler Stimme und starkem Akzent. Er rollt das R und hackt die Wörter ab.

Eugene Aksenoff wurde 1925 als Sohn russischer Eltern in der nordchinesischen Stadt Harbin geboren. Dort gab es eine kleine jüdische Gemeinde, die hauptsächlich aus russischen Geschäftsleuten und Ärzten bestand. Aksenoff erinnert sich an einzelne Namen, an die beiden Synagogen und an das Auftreten einer weißrussischen faschistischen Partei: »Die Mitglieder trugen schwarze Uniformen mit dem Hakenkreuz, waren antisemitisch und riefen ›Heil Hitler‹.« Von der Ankunft der Japaner in Harbin ist ihm vor allem deren Brutalität und Arroganz gegenüber den Chinesen im Gedächtnis geblieben. Ihm waren die Japaner freundlich gesonnen, zumal einige Mitglieder des Kaiserhauses Gefallen an der Pferdezucht seines Vaters in Harbin gefunden hatten. Sie ermöglichten es ihm, 1943 nach Tokyo zu gehen und dort Medizin zu studieren. Gute Verbindungen zur kaiserlichen Familie hat er bis heute.

Aksenoffs Eltern (der Vater besaß in Sibirien fünf Goldminen) waren vor der Russischen Revolution nach China geflohen. Die Mutter war aus Odessa und hatte deutsch-jüdische Wurzeln. »Lamm« habe die Familie geheißen, erzählt Eugene Aksenoff, und nach 1945 wäre er gerne nach Deutschland gefahren, um mehr über seine Verwandten herauszufinden. Da aber lebte er schon zwei Jahre in Tokyo und es gab anderes für ihn zu tun, als vom zerbombten Japan ins zerbombte Deutschland zu reisen. Die Amerikaner beschäftigten ihn, der mittlerweile neben Russisch auch Chinesisch, Japanisch und Englisch sprach, als Dolmetscher und setzten ihn dann für die medizinische Behandlung japanischer Kriegsverbrecher ein. Seine jüdischen Wurzeln hätten ihn, der getauft und russisch-orthodox sei, eigentlich nie viel gekümmert, sagt Aksenoff.

Nach Recherchen von Heinz-Eberhard Maul gelangten nach Kriegsbeginn in Europa insgesamt viertausendsechshundertachtzig Flüchtlinge nach Japan. Die meisten zogen in andere Länder weiter. Nach dem japanischen Angriff auf Pearl Harbor 1941 und dem Ausbruch des Pazifischen Krieges entschied Japan, die rund tausendfünfhundert verbliebenen jüdischen Flüchtlinge nach Schanghai zu evakuieren – um sie aus dem Weg zu haben, wie Heinz-Eberhard Maul formuliert.

Zu diesem Zeitpunkt lebte der Wiener Georg Fischer bereits seit zwei Jahren in Schanghai. Er war 1939 mit seiner Familie vor der rassischen Verfolgung durch die Nationalsozialisten geflohen. Schanghai war seit 1937 japanisch besetzt und eines der wenigen Fluchtziele ohne Quotenregelung. Der Beginn des Pazifikkriegs bedeutete auch für die Flüchtlinge in Schanghai eine große Veränderung. Ab sofort mussten alle Ausländer farbige Armbänder tragen, sich registrieren lassen und sich einer rigiden Kontrolle unterwerfen. Die Politik Japans, die sich inzwischen von der Wunschvorstellung gelöst hatte, sich die Juden zunutze zu machen, sei nach Ausbruch des Pazifikkriegs nicht mehr der selbst auferlegten Rücksichtnahme auf Reaktionen anderer Staaten unterlegen, meint Heinz-Eberhard Maul. Japan orientierte sich nun ganz am Allianzpartner Nazi-Deutschland. Am 11. März 1942 beschloss die japanische Führung neue Richtlinien für die Behandlung der Juden und revidierte damit den

Beschluss der Fünfministerkonferenz vom Dezember 1938. Aufenthalt, Rechtsstatus und Sonderbehandlung für die Juden wurden neu geregelt. Juden wurde es untersagt, nach Japan, Manchukuo und China sowie in die von Japan besetzten Gebiete zu kommen. Gestapo und SS seien in Schanghai aufgetaucht, erinnert sich Georg Fischer, es seien Gerüchte kursiert, wonach die jüdischen Flüchtlinge in Schanghai von den Deutschen eliminiert werden sollten. Am 18. Februar 1943 errichteten die Japaner das Ghetto Hongkew, »Restricted Area for Stateless Refugees«. »Wir wurden zwangsumgesiedelt, unsere Bewegungsfreiheit wurde drastisch eingeschränkt.« Die jüdischen Flüchtlinge in Hongkew bauten sich im Ghetto eine eigene kleine Welt auf, doch die Lebensbedingungen seien schlimm gewesen, erzählt Fischer. Erst 1949, mit vierundzwanzig Jahren, kehrte er nach Wien zurück. Zehn Jahre – die schönsten Jugendjahre – hatte er in Schanghai verbracht.

Im Archiv des japanischen Außenministeriums existiert die »Sugihara-Liste«, auf der Sugihara die Visa dokumentiert hat, die er in Kaunas erteilt hat. Die letzte Eintragung stammt vom 26. August 1940 und trägt die Nummer 2139. Wie viele Visa er tatsächlich ausgestellt hat, bleibt unklar. Nach der Schließung des Konsulats durch die Sowjets vernichtete Sugihara alle sensiblen Dokumente. Er geriet in sowjetische Kriegsgefangenschaft. Als er 1947 nach Japan zurückkam, wurde er vom Außenministerium entlassen: »Und zwar deswegen, weil er die Visa ausgestellt hatte. Aber das wird heute ja auch umgedeutet«, sagt Martin Kaneko.

Heinz-Eberhard Maul mag diese Meinung nicht teilen: »Ich denke, dass Sugihara nicht wegen seines Verhaltens in Kaunas entlassen worden ist.« Die Gründe seien vielmehr in der politischen Neuordnung Japans nach 1945 zu suchen. Sugihara sei als kleiner Diplomat zu unbedeutend gewesen, um erneut in den Staatsdienst genommen zu werden, meint Maul.

Chiune Sugihara starb 1986.

1985 ehrte ihn die israelische Regierung als »Gerechten unter den Völkern«. 1992 errichtete ihm seine Geburtsstadt Yaotsu ein Denkmal, und im Jahr 2000 stellte ihm das japanische Außenamt eine Gedenktafel auf. Seit einigen Jahren gilt er als der »japanische Schindler«. Dieser spät entdeckten Popularität trägt das Musical »Sempo« Rechnung, das im Frühjahr 2008 mit großem Erfolg in Japan angelaufen ist – eine kitschige Hommage an Sugihara.

Japans reichste Stadt

Toyota und die Brasilianer

Sommer 2009. Vor der Paolo-Freire-Schule in Homidanchi laufen gerade die Vorbereitungen für die wöchentliche Lebensmittelverteilung. Freiwillige Helfer sortieren die Spenden – Reis, Nudeln, Tomatensugo, Cracker – und stellen Säckchen mit gleichen Rationen zusammen. Aus dem nahe gelegenen Supermarkt tönt brasilianische Musik. Auf der kleinen Praça davor lungern ein paar Männer herum, rauchen und beobachten das Geschehen. Leicht könnte man vergessen, dass die trostlose Siedlung Homidanchi mit ihren an die DDR erinnernden Plattenbauten mitten in Japan liegt, in der Präfektur Aichi, dem Zentrum der japanischen Automobilindustrie.

»Wir machen diese Lebensmittelverteilungen seit Februar, jeden Sonntag zwischen vierzehn und sechzehn Uhr«, sagt der Erziehungswissenschaftler Hiroyuki Nomoto von der Tokyo Metropolitan University, der jedes Wochenende hier verbringt. »Jede Woche kommen etwa hundert Familien.« Seit dem Ausbruch der Finanzkrise hätten rund siebzig Prozent der hier lebenden Brasilianer ihre Arbeit verloren, viele könnten ihren Lebensunterhalt nicht mehr bestreiten und so manch einer denke daran, zurückzukehren, gibt Nomoto die Stimmung in der Community wieder.

Rund achttausend Brasilianer leben in Toyota-

Stadt, die restlichen achttausend Ausländer sind hauptsächlich Peruaner und Chinesen.

Hiroyuki Nomoto ist der Präsident des Centro Latino Americano Homigaoka, einer 2001 gegründeten NGO, in deren Mittelpunkt die Escola Comunitária Paolo Freire steht. »Viele der brasilianischen Kinder in Japan gehen nicht zur Schule. Bei uns bekommen sie muttersprachlichen Unterricht direkt in ihrer Wohnumgebung.« Für ausländische Kinder in Japan besteht keine Schulpflicht. In den japanischen Schulen scheiterten Ausländerkinder sehr rasch, erzählt Nomoto, was an den sprachlichen Hürden liege, aber auch an den Drangsalierungen, denen sie dort ausgesetzt sind. *Ijime* – physische und psychische Gewalt gegenüber allen, die »anders« sind, ist ein weitverbreitetes Phänomen an japanischen Schulen. Brasilianische Privatschulen können sich viele Eltern nicht leisten. Heute umso weniger. Das Schulgeld an der Paolo-Freire-Schule ist sozial gestaffelt, doch der Toyota-Schock hat nun auch die NGO an den Rand des Bankrotts gebracht.

»Lange bleibe ich nicht mehr«, sagt ein achtundfünfzig Jahre alter Mann auf der Praça, der vor neunzehn Jahren aus Brasilien nach Japan gekommen ist. »So lange ich Arbeit hatte, war es fein. Ich konnte es mir gut gehen lassen und auch ein wenig sparen. Aber jetzt ist es uninteressant geworden«, meint er und macht eine wegwerfende Geste. Seit einem halben Jahr ist er arbeitslos. Wo er gearbeitet hat? Für Toyota. Ähnliches erzählt sein Freund, der ist schon sechzig und spricht kaum Japanisch. Er möge die Sprache nicht und habe sie daher nie richtig gelernt, sagt er. Auch er werde zurückgehen, denn in seinem Alter finde er hier ja doch nichts mehr.

Damit schließt sich der Kreis. Die japanischen Großeltern der beiden waren unter den ersten Auswanderern, die sich 1908 aus dem armen Japan auf den Weg in eine goldene Zukunft gemacht hatten, wie es ihnen die japanische Regierung versprochen hatte. Doch die Realität sah anders aus. Die meisten endeten als Sklaven auf Kaffeeplantagen, viele starben an Hunger und Krankheiten. Doch Brasilien brauchte weitere Arbeitskräfte. Viele europäische Regierungen stoppten aufgrund der katastrophalen Arbeitsbedingungen die Auswanderung, doch die japanische Regierung entsandte weiterhin, wider besseres Wissen. Bis Ende des Zweiten Weltkriegs wanderten rund zweihunderttausend Japanerinnen und Japaner nach Brasilien aus. Manche machten gewiss auch ihr Glück. Heute lebt dort mit eineinhalb Millionen die größte japanisch-stämmige Auslandskolonie. Ähnlich wie ihre Vorfahren vor hundert Jahren erhofften sich die Enkel vor rund zwanzig Jahren ein besseres Leben im reichen Japan. Mit japanischen Namen und Gesichtern, doch zumeist ohne japanische Sprachkenntnisse und ohne viel Wissen um die Kultur ihrer Großeltern, die doch so anders ist als die brasilianische, kamen sie her und trugen ihren Teil zum japanischen Wirtschaftserfolg bei. Nun haben sie, so scheint es, ausgedient.

Es habe Zeiten gegeben, da habe er rund achthunderttausend Yen im Monat verdient, umgerechnet mehr als sechstausend Euro, erzählt Herr Muramatsu, der gerade im brasilianischen Supermarkt in Homidanchi große Fleischstücke zerteilt. Auch er ist Brasilianer und lebt seit sechs Jahren in Japan. Heute sei er zwar in der glücklichen Lage, noch Arbeit zu haben, doch vom früheren Einkommen kann er nur mehr träumen. Bei dem Suzuki-Zulieferer, für den er arbeitet, gibt es keine Überstunden mehr. Die Stundenlöhne wurden drastisch gekürzt. Jetzt komme er nur mehr auf zweihunderttausend Yen, rund tausendfünfhundertfünfzig Euro, sagt der Achtundvierzigjährige und wischt sich die blutigen Hände in die Schürze. Da das in Japan kaum zum Leben reicht, jobbt er an den Wochenenden in dem Supermarkt. Doch die Geschäfte gehen schlecht: »Die Leute haben nicht mehr viel Geld zum Ausgeben.«

Einige Bus- und Bahnstationen von Homidanchi entfernt liegt Toyota-Stadt. In der bis vor Kurzem reichsten Stadt Japans mit ihren vierhundertdreiundzwanzigtausend Einwohnern ist der Name Toyota allgegenwärtig – und macht deutlich, woher der Reichtum gekommen ist. Noch im Vorjahr stammte ein Viertel aller Steuereinnahmen der Stadt vom Autokonzern. Fast neunzigtausend der Einwohner waren in der Autoindustrie beschäftigt, rund ein Drittel davon bei Toyota.

Und so galt Toyota-Stadt bislang als Symbol für die Prosperität der japanischen Wirtschaft – auch wenn man ihr das gar nicht ansehen mag.

Denn Toyota-Stadt ist nur eine weitere gesichtslose, hässliche Stadt ohne Zentrum und ohne Highlights, wie es Hunderte ähnliche in Japan gibt, zerschnitten von breiten Straßen und Eisenbahnlinien auf Stelzen, ohne ersichtliche städteplanerische Maßnahmen. Mittendrin, gleich neben einem riesigen Supermarkt mit einem überdimensionalen Parkplatz, ein übrig gebliebenes kleines Schloss. Da und dort ein trauriger Park, in dem ausländische Mütter ihre Kinder beaufsichtigen und japanische Hausfrauen ihre Minihunde spazierenführen. Stadt geht unstrukturiert in Land über. Fastfood-Restaurants in the middle of nowhere. Die üblichen Warenhäuser am Bahnhof der beiden konkurrierenden Bahnlinien, die hierher fahren – das eine Kaufhaus ein wenig billiger, das andere ein wenig teurer. Beide sind sie ziemlich leer, bis auf einige ältere Damen und Mütter mit Kindern, die sich bei Baskin Robbins im Erdgeschoss ein Eis gönnen. Auf den Bänken vor dem Bahnhofskomplex einige triste Gestalten mit Bierdosen und Plastiksäcken.

Das Schönste an Toyota-Stadt ist zweifelsohne die »Eugenia Primavesi«. Gustav Klimts Porträt aus 1913/14 hängt im Toyota-Kunstmuseum. Der moderne Betonbau ist ein Entwurf des japanischen Architekten Yoshio Taniguchi aus dem Jahr 1995. Ein Prestigeobjekt, das auf moderne japanische und internationale Kunst spezialisiert ist. Die Primavesi gehört zur permanenten Sammlung. Doch weder sie noch die Installationen des japanischen Gegenwartskünstlers Yanobe Kenji zu dessen Generalthema »Survival« ziehen die Massen an. Das Museum ist gähnend leer. Die Menschen sind mit dem eigenen Überleben beschäftigt.

»Ankäufe fürs Museum wird es in nächster Zeit nicht geben«, stellt Shoji Sawahira klar, der Leiter der Finanzabteilung der Stadtverwaltung. Zum Glück gebe es Reserven, denn die Einnahmen der Stadt aus den Körperschaftssteuern seien im Fiskaljahr 2008/9 um 96,3 Prozent zurückgegangen – der Stadt würden daher rund siebenhundertfünfzig Millionen Euro an Unternehmenssteuern fehlen. Und das werde in nächster Zukunft kaum besser werden. Es gebe keine andere Stadt in Japan, die so sehr von einer Firma abhängig sei wie Toyota-Stadt, machen die Vertreter der Stadtverwaltung klar. Die Krise zog nicht nur die Zulieferer mit hinunter; die Auswirkungen zeigten sich auf allen Ebenen – von den Restaurants und Geschäften bis zu den Taxifahrern. »Das volle Ausmaß der Krise werden wir erst im Jahr 2010 spüren, wenn durch Arbeitslosigkeit und Lohnkürzungen auch der Rückgang der Individualsteuern schlagend wird«, sagt Sawahira. Er sollte recht behalten. Tatsächlich sind die Steuereinnahmen auch 2010 weiter zurückgegangen.

Toyota, die Nummer eins unter den Steuerzahlern hier, schrieb im Geschäftsjahr 2009 einen operativen Verlust von rund sechseinhalb Milliarden Euro, bringt Paul Nolasco von Toyota Corporate Communications und Public Affairs in Tokyo beim Interview im Sommer 2009 die Lage auf den Punkt: »Wir erleben eine Krise, wie es sie nur einmal im Jahrhundert gibt«, und wird gleichzeitig nicht müde, die Strategien des Konzerns für eine bessere Zukunft herunterzubeten: Noch bessere Produkte machen. Noch innovativere Produkte machen – noch sicherere Produkte machen. Produkte machen, die die Menschen kaufen wollen. Kosten reduzieren.

Toyota hat, was wohl wenig bekannt ist, als Spinnerei und Weberei begonnen, und die Patente aus diesen Anfängen waren 1937 die Basis für die Gründung des Automobilunternehmens. Wie war doch das Motto von Ahnherrn Sakichi Toyoda, dem Erfinder des automatisierten Leistungswebstuhls, der sich bei einem Problem automatisch selbst anhielt, was später zu einem Teil des Produktionssystems von Toyota wurde? Contribute To Society By Making Things. Tradition verpflichtet.

Masami Kawajiri mag den Begriff »Toyota-Schock« gar nicht, den die Journalisten so gerne verwenden. Er als Beamter müsse sowieso vermeiden, die Stimmung noch schlechter zu reden, sagt der stellvertretende Direktor von *haro waaku* in Toyota-Stadt, dem japanischen Arbeitsamt mit dem fröhlichen Namen Hello Work! Um die Stimmung zu heben, sind in Toyota-Stadt allerorts Sticker mit der Aufschrift »We love Toyota« zu sehen, eine Parole, mit der wohl nur die Stadt und nicht der Automobilkonzern gemeint sein kann, ziert sie doch auch so manche Visitenkarte von Mitarbeitern der Stadtverwaltung.

Nein, eine Arbeitslosenstatistik für Toyota-Stadt gebe es nicht, erklärt Masami Kawajiri. Was gemessen werde, sei der Stellenandrang, und der liege derzeit bei einem viertel Prozent: »Das bedeutet, dass auf jedes Stellenangebot vier Arbeitssuchende kommen.« Im Mai 2009 waren zehntausendfünfhundertzehn Leute als arbeitsuchend registriert, mehr als doppelt so viele wie im Vergleichsmonat des Vorjahrs. Kawajiri: »Das ist der schlechteste Wert, den wir in Toyota-Stadt je hatten.« Derzeit kämen rund zweitausend Leute pro Tag zu *haru waaku*, vor allem Männer um die vierzig und aufwärts.

Auch an diesem Freitagmittag ist der Andrang am Arbeitsamt groß. Alle Computerterminals in dem einzigen Raum sind besetzt. Die Arbeitsuchenden ziehen eine Nummer, werden aufgerufen und erhalten dann eine weitere Nummer, die sie einem der PCs zuweist. Dort können sie dann ihre Daten eingeben und die Stellenangebote studieren.

Der japanische Arbeitsmarkt ist schon lange kein homogener mehr, ebenso wenig wie die Gesellschaft homogen ist, auch wenn das viele in Japan nach wie vor gerne so sehen möchten. Neben den Vollzeitbeschäftigten mit einem relativ sicheren Arbeitsplatz – einst der Stolz der japanischen Gesellschaft – müssen sich spätestens seit dem neoliberalen Wirtschaftskurs der Ära Koizumi zu Beginn des 21. Jahrhunderts immer mehr Menschen mit kurzfristigen Vertragsjobs zufriedengeben und darauf hoffen, dass ihre Verträge verlängert werden. Zu den prekär Beschäftigten gehört neben den Tagelöhnern oder Jobbern auch eine immer größere Zahl an sogenannten *haken-shain*, eine Art Leiharbeiter am unteren Ende der Lohnskala, die in den Diensten von Drittfirmen stehen. Sie sind die Ersten, die in einer Krise gehen müssen, gefolgt von den Vertragsarbeitern. In der Präfektur Aichi sind über siebenundzwanzig Prozent der Workforce in irregulären Arbeitsverhältnissen – und daher ganz besonders der Hire-and-fire-Politik der Firmen ausgeliefert.

»Vertragsarbeiter haben wir in unserer workforce von siebenundsiebzigtausend Mitarbeitern kaum«, betont Toyotas PR-Sprecher Paul Nolasco, »der Höhepunkt waren in der Vergangenheit zehntausendfünfhundert Vertragsarbeiter an den japanischen Produktionsstandorten. Mittlerweile haben wir nur mehr zweitausend.« Was wohl nichts anderes bedeuten kann, als dass rund achttausend Verträge nicht verlängert worden sind. Gewiss, aber kein Vertrag sei vorzeitig aufgekündigt worden, beeilt sich Nolasco hinzuzufügen.

»Wieder nichts für mich dabei!«, sagt ein vierzigjähriger Familienvater aus Peru, den ich vor dem Arbeitsamt *haru waaku* treffe. Er lebt seit einundzwanzig Jahren in Japan und hat bislang im Toyota-Werk Miyoshi gearbeitet. Untermalt von den politischen Parolen aus einem Lautsprecherwagen der Kommunistischen Partei, der just in dem Moment vor dem Arbeitsamt stehen bleibt, lässt der Peruaner dann eine Schimpftirade los: »Die japanische Regierung behandelt uns unmenschlich. Das Arbeitslosengeld bekommt man nur drei Monate, und es ist so niedrig, dass man davon kaum überleben kann.«

Das große Problem sei, dass es in Japan keine Arbeitslosenversicherung wie in Europa gebe, bestätigt Shoya Ohira von der winzigen Gewerkschaft JMIU, die sich der lateinamerikanischen Arbeiter in der Automobilindustrie annimmt. Das bestehende System sieht eine Unterstützung gestaffelt nach Dauer des vorhergehenden Beschäftigungsverhältnisses vor. Wenn jemand beispielsweise sechs Monate beschäftigt war, erhält er neunzig Tage lang Arbeitslosengeld. Das Maximum sind dreihundertdreißig Tage finanzielle Unterstützung, wenn das Arbeitsverhältnis länger als zwanzig Jahre bestand. Und danach? »Danach ist nichts«, sagt Ohira. Gerade in diesen Wochen und Monaten laufe bei vielen, die durch den Toyota-Schock ihre Arbeit verloren haben, die Unterstützung aus. Daher dächten viele daran, Japan zu verlassen, um nicht auf der Straße zu landen.

Der Familienvater aus Peru will irgendwie durchtauchen und hofft auf das Ende der Krise in der Automobilindustrie. »Ich lebe mein halbes Leben hier. Wie soll ich mit dreihunderttausend Yen in Peru neu anfangen?« Dreihunderttausend Yen – so viel bietet die japanische Regierung allen Rückkehrwilligen, mit der Auflage, drei Jahre lang nicht mehr nach Japan zu kommen. Hundertsechsunddreißig hätten in Toyota-Stadt bislang von diesem Angebot Gebrauch gemacht, sagt die Stadtverwaltung. Der Herr vom Arbeitsamt darf dazu keine Zahlen nennen, und Gewerkschafter Ohira spricht von rund dreißigtausend landesweit.

»Bei Toyota arbeiten keine Brasilianer oder andere Lateinamerikaner«, sagt Paul Nolasco von der PR-Zentrale. Da dieses Missverständnis aber immer wieder in der Presse auftauche, habe er das, im Vertrauen gesagt, mit der Abteilung Human Resources gecheckt und könne nur wiederholen: Es gebe keine offiziellen Dokumente über die Nationalität der Mitarbeiterinnen und Mitarbeiter von Toyota. Auch sei ihm persönlich noch nie ein Brasilianer im Konzern begegnet. Es könnte freilich sein, dass bei dem einen oder anderen der rund dreihundertvierzig Zulieferbetriebe Brasilianer beschäftigt seien, die jetzt von der Krise betroffen sein könnten. Manche Zulieferer führten Toyota im Namen, da könne es schon mal zu Missverständnissen kommen.

Gewerkschafter Shoya Ohira lacht: »Das stimmt natürlich! Für Toyota arbeiten unzählige von Sub- und Subsubfirmen – dort arbeiten die Brasilianer und die anderen Lateinamerikaner, und nicht im eigentlichen Konzern! Je weiter Sie in der Hierarchie nach unten gehen, desto schlechter und unsicherer die Arbeitsverhältnisse und desto niedriger die Löhne. Oder was glauben Sie – wie sonst könnte Toyota so billig produzieren?« Diese Praxis sei freilich nicht auf Toyota oder die Automobilbranche beschränkt. Alle Großen aller Branchen arbeiteten so.

Die Vermittelbarkeit von Ausländern stehe und falle mit deren Japanischkenntnissen, sagt Masami Kawajiri vom Arbeitsamt in Toyota-Stadt. Der Dienstleistungssektor, der noch am ehesten Arbeitskräfte nachfrage, komme daher für die meisten Ausländer nicht in Frage, und offene Stellen in der Autoproduktion gebe es derzeit nicht. »Wir bieten daher auch Japanischkurse und andere Trainingsmaßnahmen an.«

Training für Brasilianer japanischer Abstammung bietet auch die Toyota-Academy an. Dort können Brasilianer den Beruf des Automechanikers von der Pike auf lernen. »Wir betrachten das als eine CSR-Maßnahme, als einen sozialen Beitrag unseres Unternehmens«, sagt Paul Nolasco, »und wenn sich die Absolventen eines Tages zur Rückkehr entscheiden, haben sie bei den Toyotahändlern in Brasilien die weitaus besseren Chancen!«

Das ist soziale Verantwortung eines Unternehmens, an dessen Stammsitz gar keine Brasilianer arbeiten.

No More Sex?

Manga, Anime und Hundertjährige

Tokyo. Akihabara. Es schüttet in Strömen. Plötzlich werden allerorts Schirme verkauft. Es ist Sonntag, kurz nach Mittag. Shopping-time. Was sonst finge man an einem Sonntagnachmittag mit seiner Zeit an? Vor einem der mehrstöckigen Konsumtempel brüllt sich ein Verkäufer des neuesten Laptopmodells die Seele aus dem Leib. Akihabara, das war immer schon das Viertel, in dem man die neuesten Elektronikwaren einkauft. Die Gadgets und Must-haves aus der digitalen Welt gibt es immer noch, und auch noch genügend Menschen, die sie sich leisten können. Akihabara aber hat sich in den letzten Jahren auch zu einem Zentrum von Manga und Anime entwickelt, deretwegen heutzutage viele junge Leute in Europa ein Japanologiestudium anfangen. Die telefonbuchdicken, auf Billigpapier gedruckten japanischen Comics und deren Filmversionen sind zu einem unverzichtbaren Teil der Pop- und Medienkultur geworden, und sie sind ein enormer Industriefaktor. Im Westen befassen sich Dissertationen mit dem Phänomen.

Wollen Sie in einem »Maid Café« Ihr Verlangen stillen, mal so richtig den Meister raushängen zu lassen? Die Kellnerinnen tragen Original-Outfits aus Manga und Anime! Wollen Sie in einem der Game-Center ein Spielchen »For Adults Only«

spielen? Oder sich in einer der »Hobbyabteilungen« mit Accessoires zu Ihrem Lieblingsanime eindecken? Kommen Sie nach Akihabara!

Vor den »Adults Only«-Shops stehen schon lange Schlangen wartender Männer. Als Anheizerinnen tanzen Mangabräute in knappen Bikinis und mit wogenden Brüsten auf riesigen Monitoren vor den DVD-Geschäften.

Die Hobbyabteilungen entpuppen sich als schmuddelige, mit bunten Bildchen und Sächelchen vollgeramschte El Dorados für die, die in Sachen Manga wirklich ernst machen: Man mag sie *otakus*, Nerds oder Freaks nennen. Angesichts der Scharen an Männern im Alter zwischen etwa fünfundzwanzig und fünfzig, die mit glasigen Augen das Angebot an Plastikpüppchen und den dazugehörenden Kleidchen, Schühchen und Strümpfchen durchstöbern, drängen sich auch noch andere Attribute auf. Neben den wilden Kämpfern und den lieblichen, blondhaarigen Prinzessinnen gibt es nämlich noch die mit den überdimensionalen (Plastik-) Brüsten, sich selbst befriedigend oder die Beine breit machend.

Die Mangaindustrie setze heute zunehmend auf die Gruppe der alleinstehenden Männer um die vierzig, die ihre »sexuelle Therapie bei den Softporno-Titeln suchten«, berichtet im Juni 2009 die Zeitung *Yomiuri* in einem Special über Popkultur. Die Produzenten erfänden etwa zehn Episoden eines Softcore-Cartoons für die TV-Spätabendprogramme, um die einsamen Wölfe an die Angel zu kriegen, und kämen dann mit zusätzlichen Folgen auf DVD heraus. Denn die heutigen Kids laden sich die bunten Streifchen gratis auf den PC oder auf ihre Mobiltelefone.

Darüber hinaus kommt der Mangaindustrie, und nicht nur dieser, der Nachwuchs abhanden.

Japan ist 2007 in das Zeitalter der Entvölkerung eingetreten, bringt der renommierte Japanologe und Leiter des Deutschen Instituts für Japanstudien, DIJ, in Tokyo, Florian Coulmas, das Problem Nummer eins auf den Punkt. Japan hat mit 1,3 Prozent die weltweit niedrigste Geburtenrate. Parallel dazu werden Japans Alte immer älter. Wer je in einen der übervollen Pendlerzüge in Tokyo geraten ist, die die Massen sardinenartig geschlichtet von den Vororten zu ihren Arbeitsplätzen karren, mag sich ob der Prognosen wundern: Bis 2055 wird Japans Einwohnerzahl von heute hundertsiebenundzwanzig auf neunundachtzig Millionen geschrumpft sein.

Bevölkerungsrückgang – das war in der Vergangenheit eine Folge von Katastrophen, Kriegen oder Hungersnöten. Bevölkerungsrückgang in einer nicht Not leidenden Gesellschaft ist ein Novum. Das DIJ hat zu diesem Phänomen ein großes interdisziplinäres Forschungsprojekt durchgeführt. Fazit: Die eine, einfache Antwort auf das Warum gibt es nicht, vielmehr hochinteressante Teilaspekte und viele Unbekannte. Die Auswirkungen betreffen jeden Bereich der Gesellschaft und sind in ihrer Dimension noch nicht abschätzbar.

Der soziale Wandel, der in Japan seit dem Ende des Zweiten Weltkriegs rapide vor sich gegangen ist, hat auch das traditionelle Verhältnis zwischen den Geschlechtern in seinen Grundfesten erschüttert – ein neues Geschlechterverhältnis ist noch nicht gefunden. Das Vorbild ihrer dienenden Mütter (und Großmütter) vor Augen, wollen die jungen Frauen ganz einfach anders leben. Eine Art weiblicher Rachefeldzug. Das ist die eine, die feministische Erklärung dafür, dass sich vor allem junge Frauen immer öfter gegen eine Heirat (und damit gegen Kinder) entscheiden.

Japans junge Frauen sind heute hoch gebildet. Es ist eine Selbstverständlichkeit für sie, dass sie arbeiten wollen. Und das nicht nur, um sich selbst zu verwirklichen, längst müssen die Frauen auch arbeiten, um zum Überleben beizutragen oder die hohen materiellen Ansprüche zu erfüllen. In dem Maße aber, in dem der Anteil erwerbstätiger Frauen steigt, geht die Geburtenrate zurück.

Der staatliche Fernsehsender *NHK* brachte in einem Spezialprogramm zum Thema »Vereinbarkeit von Beruf und Familie« das Positivbeispiel einer beliebten Modekette, die es weiblichen Angestellten mit kleinen Kindern neuerdings erlaubt, pünktlich nach acht Stunden nach Hause zu gehen, so dass sie noch rechtzeitig ihre Kleinkinder aus der Krippe abholen können. In diesen Modegeschäften werden die Frauen auch nicht zu Überstunden gezwungen.

Bei einer spontanen Diskussion mit meinen neunzehnjährigen Studentinnen an der Universität zur Frage, wie sie sich vorstellten, einmal Kinder und Berufstätigkeit zu vereinbaren, kam fast entrüstet die Antwort: Sollte ich Kinder haben, wird sich meine Mutter um sie kümmern! Kinderbetreuungseinrichtungen, obwohl durchaus vorhanden, fielen den jungen Frauen kaum ein.

Für die Gruppe der um die Dreißigjährigen, die, so scheint es, ewig bei ihren Eltern wohnen bleibt und dort ein auf den ersten Blick recht bequemes Leben führt – mit hohem Einkommen und niedrigen Fixkosten – prägte vor einigen Jahren ein japanischer Soziologe den wenig schmeichelhaften Ausdruck »Parasiten-Singles«. Ein zweiter Blick hinter die Kulissen zeigt ein anderes Bild: Sie könnten es sich nicht leisten, alleine zu leben, weil sie in ihrem Job so wenig verdienten, erzählen mir einige junge Frauen. Sie könnten es ihren Eltern nicht antun, auszuziehen, denn die familiäre Beziehung laufe besser, wenn sie weiterhin im Elternhaus lebten, erzählen die anderen. Wieder andere meinen, sie könnten nicht ausziehen, weil sie sich um ihre Eltern kümmern müssten. Und alle meinen: In der beruflichen Tretmühle, in der sie steckten, hätten sie weder Zeit noch Gelegenheit, jemanden kennenzulernen. Und geben dann auch zu, dass sie sich durchaus nach einem Partner sehnten und sich manchmal recht einsam fühlten. Eine arrangierte Ehe, wie traditionell in Japan üblich, will heute von den jungen Leuten kaum mehr jemand. Ein *omiai* machen junge Japanerinnen und Japanern nur mehr, wenn die Eltern unbedingt darauf drängen.

Statistiken zeigen, dass rund achtzig Prozent aller unverheirateten jungen Menschen in ihren Zwanzigern und Dreißigern bei ihren Eltern leben. Die makro-ökonomische Situation macht es für viele junge Leute schwierig, einen stabilen Arbeitsplatz zu finden, sie können keinen eigenen Haushalt gründen. Unter den Unverheirateten sind mehr Männer als Frauen. Je länger die jungen Leute zu Hause bleiben, desto höher die Wahrscheinlichkeit, dass sie sich eines Tages um die Eltern kümmern müssen. Viele der »jüngeren Alten« tun dies bereits. Ich lerne eine zweiundsiebzigjährige Frau kennen, die ihre weit über neunzigjährige, bettlägerige und senile Mutter pflegt, die im gemeinsamen Haushalt lebt. Rund zwei Wochen im Jahr, in denen ihre alte Mutter stationär in einem Heim untergebracht ist, kann Frau Yoshida Urlaub machen, und den hat sie bitter nötig. Obwohl ihr eine Heimhilfe zur Seite steht, ist sie körperlich und geistig erschöpft.

Der Traum vom ewigen Leben ist in Japan fast schon in greifbare Nähe gerückt. Der Anteil der über Fünfundsechzigjährigen beträgt heute zweiundzwanzig Prozent der Gesamtbevölkerung. Die Alten werden immer älter und niemand weiß, wie lange das noch so weitergeht. Mitte der sechziger Jahre gab es ein paar Hundert, die hundert Jahre alt wurden. Heute sind es sechsunddreißigtausend.

Der alte Menschheitstraum als Bumerang für die Gesellschaft. Was tun mit den vielen Alten? Wer soll ihre Pensionen bezahlen, wer soll sie pflegen? Die Entwicklung geht so rasant voran, dass die staatlichen Institutionen bei allem, was sie in Angriff nehmen, zwangsläufig nachhinken müssen. Seit Kurzem nimmt das Anti-Einwanderungsland Japan philippinisches und indonesisches Pflegepersonal auf – freilich nur nach strengem Screening und pflichtgemäßer Ablegung einer Japanisch-Sprachprüfung. In den Labors der Roboterforscher wird eifrig an Pflegerobotern gebastelt.

Zwischen der sinkenden Geburtenrate und der

steigenden Lebenserwartung gibt es keinen bekannten Kausalzusammenhang, doch das Zusammentreffen dieser beiden Phänomene macht die Entwicklung überaus komplex und auch rätselhaft. »Es gibt vieles, was wir nicht wissen«, sagt Florian Coulmas und lässt mit einer These aufhorchen: »Sowohl Alte als auch Kinder sind abhängig – gibt es vielleicht eine nicht gesteuerte Dynamik, die darauf reagiert? Wenn eine immer geringer werdende Zahl junger Menschen immer mehr Alte pflegen und ernähren muss, kann sie nicht auch noch für Kinder sorgen.« Es gebe eine Theorie, wonach Bevölkerungen ein Gleichgewicht anstrebten: »Da sich die japanische im 20. Jahrhundert verdreifacht hat, könnte es doch auch sein, dass wir derzeit in Japan eine Art Selbstregulierung erleben.«

Beispiele aus der Biologie kommen in den Sinn: Stichwort reproduktive Selbstbeschränkung.

Nach einer internationalen Untersuchung des Kondomherstellers Durex über die Sexfrequenz bei verheirateten Paaren liegt Japan mit rund fünfundvierzig Mal pro Jahr am unteren Ende der Statistik. Japans Männer sind zu müde und zu erschöpft für Sex, lautet die vordergründige Erklärung. Ab und zu meldet sich ein Experte mit dem Vorschlag, die Arbeitszeit zu reduzieren.

In der Forschung gebe es Hinweise auf eine Annäherung des männlichen Habitus an weibliche Verhaltensweisen. So werde ein Ansteigen der Stimmlage japanischer Männer beobachtet, erzählt Coulmas. Medial wird dem Phänomen der Feminisierung junger japanischer Männer vor allem im Zusammenhang mit Mode, Kosmetik und Lifestyle

Aufmerksamkeit zuteil. Die neuen japanischen Softies werden wörtlich übersetzt als »Grasfresser« bezeichnet, im Gegensatz zu den »fleischfressenden« Machos, was in beiden Fällen nicht unmittelbar mit deren kulinarischen Vorlieben zu tun hat.

Im Fashionviertel Harajuku, nur wenige Bahnstationen von Akihabara entfernt, sind unterdessen die Girlies unterwegs. Wer wissen will, wie die Kids gerade drauf sind, fährt nach Harajuku. Hat einst der Kimono die weiblichen Reize japanischer Frauen bedeckt und subtile erotische Akzente gesetzt – die Betonung lag auf dem freien Nacken zwischen Kimonokragen und Hochsteckfrisur – so lassen die jungen Mädchen heute die Hüllen fallen. Unter ihren Mini-Miniröckchen tragen sie halterlose Strümpfe und stöckeln unsicher auf hochhackigen Schuhen. Manche machen auf streng, ganz in Leder. Der absolute Renner in Harajuku waren im Sommer 2009 Girls in Kostümen, die aus dem Rokoko stammen könnten: Bauschröcke, Rüschenblüschen, weiße Strümpfe und Schuhe, weiße Lockenperücken. Fleischgewordene Mangafiguren.

Im Untergrund der japanischen Seele

Begegnung mit Haruki Murakami und Kenzaburo Oe

27. Mai 2004. Tokyo. Minami Aoyama.

In diesem noblen Stadtviertel hat die Crème de la crème der japanischen Modedesigner ihre Boutiquen. Es gibt schicke europäische Restaurants, Cafés und Apartmenthäuser. Eine grüne Gegend zum Flanieren mit europäischem Flair. Mittendrin der riesige Friedhof von Aoyama – eine Oase der Stille. In Minami Aoyama hat Haruki Murakami sein Büro. Jun, die freundliche Assistentin, öffnet lächelnd die Tür. Wochen zuvor ließ sie sich per E-Mail davon überzeugen, mir einen Interviewtermin mit dem japanischen Bestsellerautor zu gewähren – nachdem ich mich zehn Jahre lang vergeblich darum bemüht hatte.

Nein, schüchtern sei er nicht, wird Murakami später erklären, aber er möge keine Radio- oder Fernsehauftritte, vor allem nicht in japanischen Medien. Das japanische Privatfernsehen ist ja nicht gerade zimperlich im Umgang mit Menschen. Dass sich Murakami dem Zirkusrummel der japanischen Medien weitgehend verweigert, tut der Popularität seiner Bücher keinen Abbruch. Die verkaufen sich zigtausend-, ja millionenfach und sind wochenlang auf den Bestsellerlisten. Auch in Europa oder Amerika. Die Erfolge seiner frühen Bücher in den achtziger Jahren machten ihn zu einer Art Popstar der japanischen Literatur. Mittlerweile, viele ernsthafte Romane später, wird er als künftiger Literaturnobelpreisträger gehandelt. Seine Bücher sind von der Art, dass man wünscht, sie mögen nie aufhören. Vielleicht weil sie berühren, wie Musik.

Im Flur stehen Hausschuhe bereit. Der Schriftsteller, ebenfalls in Pantoffeln, erscheint aus einem Nebenraum und bittet in sein Büro. Er weist mir einen Platz vis-à-vis eines großen Fensters zu, mit einem umwerfenden Blick aus dem sechsten Stock über die Dächer von Aoyama. »Dort drüben, ganz in der Nähe, hatte ich einen kleinen Jazzklub«, erzählt Haruki Murakami aufgeräumt. Er ist ein Jazzer, wie ich aus seinen Büchern weiß. »Ich liebe Jazz«, sagt er wie zur Bestätigung. »Peter Cat« hieß sein Klub, den er acht Jahre lang geführt hat. Das sei wunderbar gewesen: »Ich konnte bei meiner Arbeit von früh bis spät Jazz hören. Am Wochenende sind junge Musiker gekommen und haben bei mir gespielt – einige von ihnen sind heute glücklicherweise sehr berühmt. Früher waren wir alle arm und völlig unbekannt.«

Zu Beginn seiner Karriere wurde er als die Stimme der jungen Generation Japans gefeiert – und auch zwanzig Jahre später versteht er es wie kaum ein anderer, eine ewig junge Leserschaft zu fesseln. Der 1949 Geborene ist selbst ein Junggebliebener, so wie er vor mir sitzt, schlank, durchtrainiert, wirkt er fast knabenhaft: »Normalerweise wird ein Schriftsteller gemeinsam mit seinen Lesern älter. Bei mir ist das eigenartigerweise anders: Ich werde älter, aber meine Leser gehören hauptsächlich zur Generation der Zwanzig-, Dreißigjährigen. Vielleicht weil ich immer noch ein Suchender bin und etwas Neues entdecken möchte.«

Auch Murakamis Helden sind meist in ihren Dreißigern oder jünger, halten sich mit Gelegenheitsjobs über Wasser oder sind Nachtklubbesitzer und entsprechen auch sonst nicht dem Klischee eines geordneten japanischen Werdegangs. Parallelen zu seiner eigenen Biografie sind unübersehbar: 1971, mit zweiundzwanzig, noch während des Studiums, heiratet er, jobbt und schlägt sich jahrelang mit sehr wenig Geld durch. Erst 1975 beendet er sein Studium. Bei ihm sei eben alles verkehrt gewesen, sagt Murakami und lacht sein sympathisches, leises Lachen: »Damals war ich ein Drop-out, ein Outcast. Ich bin aus der streng reglementierten japanischen Gesellschaft herausgefallen, die die Reihenfolge des Lebens vorgegeben hatte: Universität, Job, Heirat.« Seine Eltern seien ziemlich enttäuscht von ihm gewesen, er habe sich einsam und unverstanden gefühlt.

Entspannt und in angenehmer Atmosphäre verläuft das Gespräch mit dem berühmten Bestsellerautor. Keine Starallüren. Bereitwillig und geduldig, in gut verständlichem Japanisch, als nehme er besondere Rücksicht auf die ausländische Besucherin, erzählt Murakami von sich und seinem Schreiben. Sein Einfühlungsvermögen ist es wohl auch, das ihn so populär unter den jungen Leserinnen und Lesern macht. Er trifft den Ton der Zeit.

Im Frühsommer 2009 schlägt er mit dem monumentalen dreiteiligen Roman »1Q84« alle Verkaufsrekorde. »1Q84« ist ein Wortspiel, das nur Japanischkundigen verständlich ist: Die Aussprache des Buchstaben »Q« auf Englisch klingt gleich wie das japanische *kyu* – die Zahl neun. 1984.

Darin wirft er moralische Fragen auf wie: Ist es zulässig, einen Mann zu töten, der Gewalt an Frauen ausgeübt hat? Warum schließen sich Menschen Sekten an? Kann der Schmerz von Kindern, die von ihren Eltern missbraucht worden sind, je gelindert werden? Im 2010 erschienenen dritten Band von »1Q84« präsentiert er das brandaktuelle Phänomen: Empfängnis ohne Sex.

»Was mich interessiert, ist der Seelenzustand der Menschen. Der Untergrund der menschlichen Seele«, meinte Haruki Murakami beim Interview vor ein paar Jahren. Das menschliche Leben sei wie ein zweistöckiges Haus: im ersten Stock das Wohnzimmer, im zweiten Stock das Schlafzimmer, darunter der Keller: »Wir Schriftsteller können noch tiefer hinuntergehen. Wir wissen, wo die geheimen Türen sind. Manchmal ist das sehr gefährlich. Aber wenn wir nicht hinuntergehen, können wir keine echte Geschichte schreiben.«

Zehn Jahre verbrachte er in Europa und in den USA, um das Inselland einmal zu verlassen und wohl auch ein wenig als Flucht vor dem großen Erfolg seines zarten Liebesromans »noruwei no mori«, der als »Naokos Lächeln« ins Deutsche übersetzt worden ist. Dann aber, 1995, seien Dinge geschehen, die ihn veranlassten, zurückzukehren: Das große Erdbeben in seiner Geburtsstadt Kobe, dem mehr als sechstausend Menschen zum Opfer fielen und das in Japan den Glauben an die technische Machbarkeit aller Dinge ins Wanken brachte. Der Giftgasanschlag der Aum-Sekte auf die Tokyoter U-Bahn, bei dem zwölf Menschen starben und Tausende verletzt wurden. Da sei ihm, sagt Murakami, seine besondere Verantwortung als japanischer Autor und als Vertreter der Achtundsechziger-Generation für die heutigen jungen Menschen bewusst geworden: »Zu unserer Zeit gab es den Marxismus und den Kampf gegen Kapitalismus. Jetzt gibt es das nicht mehr. Alles was wir haben, ist Chaos. Wir wissen nicht mehr, welche Richtung wir einschlagen sollen. Deshalb leiden wir so.«

In zwei Büchern hat Murakami die beiden Katastrophen verarbeitet: im Erzählband »Nach dem Beben« und in seinem 1997/98 erschienenen Buch »Untergrundkrieg – über den Anschlag von Tokyo«. Mehr als sechzig Opfer und Täter des Anschlags hat Murakami für »Untergrundkrieg« interviewt und ihre Berichte aufgezeichnet. Was ihn an beiden Fällen interessiert habe, sagte Murakami einmal in einem Interview in der *Süddeutschen Zeitung*, seien die Bilder des Untergrunds: Erdbeben kommen aus den Tiefen des physischen Untergrunds, die Anschläge seien aus dem Untergrund der Gesellschaft gekommen. Die japanische Gesellschaft, meint Murakami nachdenklich, sei sehr rasch sehr reich geworden, aber: »Wir sind nicht glücklich geworden. Genau das haben auch die jungen Leute festgestellt, die in die Sekte eingetreten sind. Es sind alles sehr ernsthafte, junge Leute. Sie haben nach Idealen gesucht, ähnlich wie wir 1968/69. Aber die Gesellschaft konnte ihnen nichts geben, daher sind sie der Sekte beigetreten. Dafür tragen auch wir die Verantwortung.«

Die Studentenunruhen der sechziger und siebziger Jahre sind ein immer wiederkehrendes Motiv im Werk von Haruki Murakami. »Unsere Revolution war ein Fehlschlag«, sagt Murakami rückblickend, »danach sind wir in eine Firma eingetreten und sind Firmenangestellte geworden. Wir haben fleißig gearbeitet und die japanische Wirtschaft zum Höhenflug der Bubble Economy getrieben. Und danach haben wir die Blase wieder zerstört.« Und fügt ironisch hinzu: »Letztendlich haben wir also den Kapitalismus in Japan zerschlagen und das Ziel unserer Revolution doch noch erreicht.« Wo man heute die Ideale suchen solle und in welche Richtung Japan gehe – er wisse es auch nicht, sagt Murakami am Ende eines langen Interviews, und es klingt ein wenig resigniert.

Und dann blickt er auf seine Armbanduhr, die die ganze Zeit über vor ihm auf dem Tisch gelegen ist. Fragen Sie doch noch etwas, meint er aufmunternd, wir haben noch ein wenig Zeit!

Seine Sorge um die Zukunft Japans drückte schon einige Jahre zuvor auch Kenzaburo Oe aus, Literaturnobelpreisträger des Jahres 1994. Oe zu treffen, war vergleichsweise einfach – er war 1998 auf Lesereise in Europa und machte Station in Wien. Ich begegnete einem freundlichen älteren Herrn, zurückhaltend, bescheiden, unprätentiös, auch er geübt im Umgang mit Ausländern. Das Gespräch mit dem streitbaren Moralisten wird ein Gespräch über den politischen Zustand des Landes, über die Haltung des offiziellen Japan zur Aufarbeitung der Kriegsvergangenheit, über den aufkeimenden Nationalismus und über seinen geistig behinderten

Sohn Hikari, der mit einer Gehirnhernie zur Welt gekommen ist – den wichtigsten Themen seiner Bücher.

Oe ist ein klassischer Linksintellektueller europäischer Prägung, ein Nestbeschmutzer und Traditionsverweigerer für seine Widersacher, für seine Anhänger »soziales Gewissen« Japans. Kenzaburo Oe studierte Romanistik und die französischen Existenzialisten, er versteht sich als Schüler Jean-Paul Sartres. Ein kritischer Beobachter der Gesellschaft, aktiv in der Anti-Atom- und der Friedensbewegung, engagiert im Kampf gegen die Abschaffung von Artikel 9 der japanischen Verfassung, der dem Land verbietet, ein eigenes Heer außer den sogenannten Selbstverteidigungskräften zu unterhalten.

Seine Bücher gelten den Japanern gemeinhin als schwierig, außer mit meiner Freundin Mihoko, die Oes Bücher liest und liebt, habe ich mich in Japan noch nie mit jemandem über Kenzaburo Oes Literatur unterhalten. Gegen die Konkurrenz der Manga kommt Oe einfach nicht an, und auch von den Auflagenzahlen eines Haruki Murakami ist er meilenweit entfernt. Sein gesellschaftspolitisches Engagement, seine Kritik am Tenno-System und seine ständige Forderung nach Aufarbeitung der Vergangenheit hätten ihn, wie er selbst meint, zu einem sozialen Außenseiter gemacht. Und wenn er in einem Interview einmal davon gesprochen hat, dass Japan in politischer, wirtschaftlicher und moralischer Hinsicht an den Wurzeln verrottet sei, dann trägt das gewiss nicht zu seiner Beliebtheit in rechts-konservativen Kreisen bei. Die moralische

Krise, meinte er, habe schon in dem Moment begonnen, als Japan es verabsäumt habe, sich bei seinen asiatischen Nachbarländern für seine Kriegsverbrechen zu entschuldigen.

Als ich ihn in Wien treffe, ist der Run auf seine Bücher, der kurz nach der Verleihung des Nobelpreises eingesetzt hatte, längst verebbt. Oe nimmt es gelassen, so wie die Polemiken, die nach der Zuerkennung des Literaturnobelpreises in Japan eingesetzt hatten. Während einige Kommentatoren in Japan meinten, die Würdigung Oes sei eine Anerkennung des modernen, intellektuellen Japan, fragte beispielsweise die liberale Zeitung *Mainichi Shimbun* ätzend, warum er den Preis nicht abgelehnt hätte wie sein Vorbild Sartre. Er sei in einer anderen Position als Sartre gewesen, der damals schon einen Namen hatte, erklärt mir Oe, er habe den Preis gerne angenommen – nicht zuletzt, um seine Botschaft im Ausland bekannt zu machen, und er freue sich immer noch darüber.

Vor allem seine Nobelpreisrede hatte wochenlang für Kommentare gesorgt. Ja, meint Oe rückblickend, die habe ihm einen ziemlich schlechten Ruf eingetragen: »Aber den hatte ich ja bereits. Viel schlechter konnte es gar nicht werden.« Während Yasunari Kawabata nämlich 1968 seine Nobelpreisrede »Das schöne Japan und ich« genannt hatte, sprach Oe vom »Zweideutigen Japan und ich« – er verwendete das japanische Wort *aimai*, vage, verschwommen, unklar, und spielte damit auf die Haltung des offiziellen Japan zur Kriegsvergangenheit an. Beim Interview in Wien macht er deutlich: »Politisch müsste man eigentlich von einem hässlichen Japan sprechen. Japan war hundert Jahre lang ein aggressives, grausames Land. Oder denken Sie an die Umweltprobleme Japans: Das Meer ist verseucht, die Berge sind verseucht, die Städte – man kann wirklich nicht sagen, dass Japan schön ist. Daher meine Parodie auf den Titel von Kawabatas Nobelpreisrede!«

Als Japan am 15. August 1945 kapitulierte, war Oe zehn Jahre alt. Wie für alle Japanerinnen und Japaner damals sei es auch für ihn ein Schock gewesen, die Stimme des Tennos im Radio zu hören, erzählt Oe: »Er verkündete den Zusammenbruch Japans im Krieg. Was er gesagt hat, habe ich kaum verstanden, denn er hat eine so schwierige Sprache benützt. Der größte Schock für mich war aber, dass der Tenno, der ja Gott war, mit der Stimme eines Menschen sprach!« Für ihn selbst hätte mit Hirohitos Kapitulationserklärung die wichtigste Zeit seines Lebens begonnen, erzählt Oe. Denn ohne den Krieg, die Niederlage und die Kapitulation wäre er wohl, meint er heute, zeitlebens in seinem Dorf geblieben. Sein Dorf, das ist der Weiler Ose auf der Insel Shikoku, ein Dorf inmitten von Bergen und Wäldern, ein immer wiederkehrendes Motiv im Werk Oes. Die Amerikaner hatten Hirohito zwar in seiner Position als Kaiser belassen, doch sie verordneten Japan eine demokratische Verfassung – ohne die Oe, wie er sagt, nicht das geworden wäre, was er ist: »Erst die Demokratie hat es mir ermöglicht, nach Tokyo an die Universität zu gehen und Schriftsteller zu werden.«

Lange bevor das Thema der japanischen Kriegsschuld im Land öffentlich diskutiert wurde, hat sich Oe in seinen Büchern und politischen Essays damit auseinandergesetzt. In seinem 1972 erschienenen Kurzroman »Der Tag, an dem Er selbst mir die Tränen abgewischt« lässt er seinen Helden über »Kriegsverbrecher, die in der Regierung immer noch den Ton angeben« räsonieren. 1995, fünfzig Jahre nach Kriegsende, diskutierte er in einem als Buch veröffentlichten Briefwechsel mit Günter Grass über die Vergangenheitsbewältigung in Deutschland und in Japan. Überzeugungstäter nennt er die, die die Invasion Japans und Verbrechen wie das Massaker von Nanking leugnen. Schon vor zwanzig Jahren habe er gefordert, dass in den Schulbüchern auch über die Zwangsprostituierten der Kaiserlichen Japanischen Armee geschrieben werde – dass es Ende der neunziger Jahre Texte gab, in denen das realisiert wurde, gebe Anlass zur Hoffnung, dass sich Japan doch allmählich seiner Verantwortung stelle.

Und dann erzählt er noch eine Anekdote, die ihn immer noch sichtlich amüsiert. Nach seiner Nobelpreisverleihung wurde ihm der japanische »Orden für kulturelle Verdienste« zugesprochen. Ein Orden, der jahrzehntelang vom Premierminister verliehen wurde – in Anwesenheit des Kaisers. Doch Anfang der neunziger Jahre gab es eine Änderung des Prozedere und der Kaiser selbst überreichte diese »wichtigste Auszeichnung des Volkes für Intellektuelle«. Für ihn sei das ein Indiz für einen Rechtsruck der japanischen Gesellschaft gewesen und Grund genug, diesen Orden nicht anzunehmen: »Für einen Schriftsteller ist es die größte Auszeichnung, wenn seine Bücher gelesen werden, dazu brauchen wir den japanischen Kulturorden nicht. Das habe ich auch so gesagt und das hat die Rechtsradikalen auf den Plan gerufen. Eine Woche lang haben sie vor meinem Haus demonstriert. Von morgens um zehn bis abends um sechs sind sie vor dem Haus auf und ab marschiert. Das Problem war, dass es in der Nähe meines Hauses kein Restaurant gibt, also besorgten sie sich bei einer McDonald's Filiale Hamburger, die sie auf einem Stand vor meinem Haus weiterverkauften. Dann hissten sie eine Fahne, auf der stand: National Enemy Oe Hamburger. Staatsfeind-Oe-Hamburger!

Mein Sohn Hikari wollte unbedingt so einen Hamburger essen. Also bin ich hinausgegangen, um ihm einen zu kaufen. Der Verkäufer wusste nicht, was er tun sollte, aber ich sagte zu ihm, ich möchte keinen National Enemy Oe Hamburger, sondern einfach nur einen Hamburger, und habe zwei Stück gekauft. Daraufhin hat mir der Verkäufer noch zehn Stück dazugeschenkt. Mit den zwölf Hamburgern bin ich dann zurück, habe sie an meine Familie verteilt und wir haben sie gegessen. Ich auch.«

In letzter Zeit ist es ein wenig still um Kenzaburo Oe geworden. 2008 kam die deutsche Übersetzung seines 2005 in Japan erschienenen Romans: »Sayonara, meine Bücher« heraus. Protagonist Kogito steht am Ende seines Lebens und denkt darüber nach, ob es nicht an der Zeit wäre, mit dem Schreiben aufzuhören und sich von den eigenen wie von den fremden Büchern zu verabschieden. Er lese immer das Gesamtwerk eines Autors, hatte mir Oe bei unserem Interview erzählt, und packe dann alle Bücher dieses Autors in eine große Holzkiste. Im Roman lagern viele dieser Kisten im Sommerhaus des Protagonisten; Kogito blickt zurück auf die großen Literaten, die ihn und sein Schreiben geprägt haben.

Mihokos Kimonos

Meine japanische Freundin und die Lost Generation

Als ich Mihoko kennenlernte, war sie Anfang zwanzig. Ein schüchternes Mädchen, unscheinbar, auf Fragen indifferent lächelnd. Wie die meisten ihrer Altersgenossinnen. Ihre Mutter, die sich einmal pro Woche bei Frau Ogino zum Kochkurs einfand, hatte sie mir ans Herz gelegt. Besser gesagt, mit einem *doozo yoroshiku* und einer Verneigung anempfohlen. *Doozo yoroshiku* – »Bitte seien Sie mir/ uns gut gewogen!« –, das ist die japanische Floskel, mit der man sich vorstellt. Wichtiger aber, sie wird immer dann eingesetzt, wenn es darum geht, jemanden um einen Gefallen zu bitten. Meist handelt es sich dabei um einen Gegengefallen für Hilfe, die einem selbst irgendwann, und sei es in grauer Vergangenheit, zuteil geworden ist. *Doozo yoroshiku* lässt also keine offene Widerrede zu, schon gar nicht in diesem Fall, wo die Bitte bereits von Frau Ogino vorbereitet worden war, und ihr war ich meinerseits sehr zu Dank verpflichtet. Mihoko also saß diesmal zwecks persönlichen Kennenlernens stocksteif beim Kochkurs der mittelalterlichen Damen und verabschiedete sich dann, nachdem wir einige Höflichkeiten sowie unsere Visitenkarten ausgetauscht hatten, relativ rasch wegen dringender Angelegenheiten an der Universität.

Mihoko sollte für ein Auslandssemester nach Wien gehen. Sie studierte Erziehungswissenschaften und wollte – ausgerechnet! – über Otto Glöckel und die Schulreform der Zwischenkriegszeit forschen. Ich sollte mich also während ihres Aufenthalts in Österreich um sie kümmern. Meine Begeisterung hielt sich, ich gebe es zu, in Grenzen. Ich sah mich bereits Kontakte zu Universitätsinstituten herstellen, wo ich niemanden kannte, Literatur über Otto Glöckel besorgen, Sightseeingtours durch Wien organisieren, japanisches Essen kochen und ganz allgemein das Kindermädchen spielen.

Gut fünfzehn Jahre später sitzen wir im *Tatami*-Zimmer, dem mit Reisstrohmatten ausgelegten Zimmer im traditionellen Stil, in ihrem Elternhaus im Zentrum von Kyoto. Es ist Juni und es dampft. Wir schalten den Ventilator ein und aus, fächeln mit altmodischen Fächern und trinken kalten *mugicha,* Weizentee. Mihoko lebt immer noch bei ihren Eltern. Ihrer Mutter zuliebe, betont sie all die Jahre über, die wir inniglich verbunden sind, seit sie mir »anvertraut« worden ist. Täglich pendelt sie rund drei Stunden nach Kobe und zurück, wo sie an einer privaten Frauenuniversität unterrichtet.

Während wir auf ihre Freundinnen warten, breitet ihre Mutter Kimonos vor mir aus, als wären wir in einem Designerladen. Mihokos Mitgift, Erbstücke der Großmutter. Seidenkimonos in blitzblau, rosa und lachsfarben, türkis mit roten Kranichen, aus beigefarbenem Crêpe-de-Chine mit einem Muster aus roten Fächern und cremefarbener Seide mit orange-gelben Blumen – einer prächtiger als der andere. Mihoko wendet sich gelangweilt ab und blättert in einem Buch. Bei jeder Frage: »Und den hier, den willst du auch nicht?« schüttelt sie nur den Kopf und macht eine wegwerfende Geste: *zettai iranai* – ich brauche das Zeug sicher nicht! Die Mutter formuliert es höflicher: »Sie würden uns eine große Freude machen, wenn Sie die Kimonos mitnehmen und Gefallen daran finden würden. Meine Tochter zieht ja doch keine mehr an!« Der Zusatz – wer weiß, heiratet sie überhaupt jemals! – hängt unausgesprochen in der Luft. Mihoko und ich wechseln einen kurzen Blick. Ich denke an die vielen Gespräche über unsere Vorstellungen vom Leben als Frau, über die Männer im Allgemeinen und die japanischen im Besonderen.

Im Kimono habe ich Mihoko nur ein einziges Mal gesehen – auf einem Foto anlässlich ihrer Promotion. Sie sieht irgendwie verkleidet aus. Ihre Doktorarbeit hat sie wie erwartet über Otto Glöckel und die österreichische Schulreform der Zwischenkriegszeit geschrieben und 2010 als Buch veröffentlicht.

Mihokos erster Hilferuf ließ damals nicht lange auf sich warten und kam aus dem Pfeilheim in Wien, wo sie für die Dauer ihrer Studien einquartiert war. Es zog aus allen Ritzen. Die Fenster klapperten im Wind. Sie fror und bat um eine Decke sowie ein paar alte Töpfe und Pfannen. Das Mensaessen sei ungenießbar. Täglich Kartoffeln, und wenn es etwas gebe, was sie nicht essen könne, dann seien es Kartoffeln. Ich rückte mit ein wenig Hausrat an. Sie erzählte von ihren Mitbewohnerinnen, japanischen Musikstudentinnen, die nur deshalb nach Wien gekommen waren, um sich hier einen Mann zu angeln. Also für sie käme nur ein Mann in Frage, der keine … sie senkte die

Stimme und flüsterte mir etwas ins Ohr. Wir bogen uns vor Lachen. Das Geheimnis wurde zum geflügelten Wort zwischen uns. Wir entdeckten weitere Gemeinsamkeiten wie die Liebe zu gutem Wein, spanischem Essen und Flamenco. Nach einem Flamencokonzert beim Festival »Glatt & Verkehrt« meinte sie einmal nachdenklich, die Spanier seien den Japanern viel ähnlicher und näher als die Österreicher. Emotional, warm, leidenschaftlich. Nicht so kalt und leidenschaftslos wie die Österreicher. Mihoko spricht aus, was sie denkt. Umständliche Höflichkeitsfloskeln sind nicht ihre Sache. Sie sei eben keine richtige Japanerin, seufzt sie dann, ohne wirklich traurig darüber zu sein.

Rie, Sakuko und Nana haben den samstäglichen Stau überwunden und treffen mit mehrstündiger Verspätung in Kyoto ein. Nana hat ihr Baby mitgebracht, den kleinen Asuki, Sakuko ihren Ehemann. Die drei Frauen sind Schwestern mit sehr unterschiedlicher Lebensweise – doch eines haben alle gemeinsam: Sie sind zwischen dreißig und fünfunddreißig Jahre alt und gehören damit, wie Mihoko, zur Lost Generation. Zu diesem Thema will ich arbeiten, und um mir bei meinen Recherchen zu helfen, hat Mihoko ihre Freundinnen zusammengetrommelt. Und jetzt sitzt die Runde, die sich seit Kindheitszeiten kennt, im Halbkreis am Boden, im elterlichen *Tatami*-Zimmer. Das Aufnahmegerät liegt bereit. Asuki brüllt im Nebenzimmer. Ihm ist auch heiß.

Mihoko spielt gekonnt die Moderatorin. Sie erklärt: »Anfang der neunziger Jahre, als die japanische Wirtschaft einbrach, wurde das System fixer

Dienstverhältnisse beendet. Anstelle fester Anstellungen bekamen die Leute nur mehr Jobs als Vertrags- oder Leiharbeiter oder gar nur McJobs. Wir, die zu dieser Zeit die Universität oder Mittelschule absolviert haben, gehören zur Generation, die dabei auf der Strecke geblieben ist, zur Lost Generation.« »Dabei geht es uns noch verhältnismäßig gut«, wirft Sakuko ein, »wir alle haben zumindest einen Job.«

Mihoko absolvierte die renommierte Sophia-Universität in Tokyo. Danach würde sie den üblichen Weg einschlagen und in eine Firma eintreten, dachte sie. Es kam anders. Trotz ihrer Qualifikation fand sie in Tokyo keine Arbeit. Sie ging zurück nach Kyoto, als Wissenschaftlerin, und promovierte an der Universität Kyoto, die den Ruf genießt, eine der besten des Landes zu sein. Dazwischen die Zeit im Ausland. Eine gescheiterte Fernbeziehung. Dann das große Glück, die Anstellung an der Frauenuniversität in Kobe zu finden.

Ihre gleichaltrige Freundin Rie hatte noch nie eine feste Anstellung nach altem Muster. »Nicht wahr, Rie«, wendet sich Mihoko an die älteste der drei Schwestern, »erzähle von deiner Zeit bei Japan Airlines!« Rie nickt: »Das System dort war so: Alle fünf Jahre wurden neue Leute beschäftigt, junge, denen sie nicht viel zahlen mussten, und die alten wurden rausgeworfen. Nach fünf Jahren musste also auch ich mir etwas anderes suchen. Ich habe mich dann bei einer Leiharbeitsfirma gemeldet und wurde Leiharbeiterin.« Mittlerweile habe sie, sagt Rie fast entschuldigend, die Seiten gewechselt, sei selbst bei einer Leiharbeitsfirma in Osaka und schicke den großen Firmen Leihpersonal.

Ihre private Situation? Es ist ihr ein wenig peinlich, darüber zu sprechen. Sie ist geschieden und lebt alleine. Zum Glück, meint sie, zum Glück habe sie keine Kinder. Als Alleinerziehende zu leben wäre unvorstellbar, finanziell und auch gesellschaftlich. Rie errötet, schüttelt den Kopf und blickt zu Boden.

Takashi, der zweiunddreißigjährige Ehemann von Sakuko, meldet sich zu Wort. Selbst Mihoko wusste noch nicht, was er zu erzählen hat. Schlechte Nachrichten. Die Halbleiterfirma, bei der er beschäftigt ist, hat Kurzarbeit eingeführt. Die Arbeitszeit wurde auf vier Tage reduziert, die Löhne gekürzt. Dank der staatlichen Beihilfe sei es nicht ganz so schlimm, beruhigt Takashi, nur fünf Prozent weniger Gehalt und keine Überstunden mehr. »Zum Glück arbeitet Sakuko«, meint er mit Blick auf seine Frau, »und wir haben keine Kinder. Sonst wären wir schlimm dran.« Sakuko nickt. Als Einzige der drei Schwestern ist sie in ihrem Geburtsort Kyoto geblieben. Die Eltern haben ein kleines Geschäft, da hilft sie aus.

Die Dreißig- bis Fünfunddreißigjährigen sind die Babyboom-Generation der frühen siebziger Jahre und damit die größte Bevölkerungsgruppe im arbeits- und gebärfähigen Alter. Sie sind die Stütze des Landes, auf ihnen lastet die Bürde von Pensionszahlungen und Altenpflege. Gleichzeitig sind sie am stärksten von den Veränderungen in der japanischen Arbeitswelt betroffen. Viele können es sich nicht leisten, eine Familie zu gründen. Mehr als zwanzig Prozent der Fünfunddreißigjährigen sind nicht verheiratet – und das ist in Japan mit Kinderlosigkeit gleichzusetzen.

Nana, die jüngste der drei Schwestern, ist dreißig. Eine junge Frau mit dem selbstverständlichen Anspruch, Familie und Karriere zu vereinbaren. Nana lebt mit ihrem Mann und Asuki in Yokohama. Sie arbeitet in der Zentrale von Coca-Cola Japan, wo sie sich mit Gewinnprognosen beschäftigt. Ihr Tagesablauf ist entsprechend durchorganisiert: »Morgens um halb sechs weckt mich Asuki, dann spiele ich ein wenig mit ihm, um sieben Uhr dreißig verlassen wir zu dritt das Haus. Vor acht bringe ich Asuki in die Kinderkrippe. Danach fahre ich in die Arbeit und vor neun sitze ich am Schreibtisch. Um vier verlasse ich die Firma, damit ich Asuki um fünf von der Krippe abholen kann. Dann gehen wir nach Hause. Gegen sieben essen wir zu Abend, dann bade ich ihn, spiele noch ein wenig mit ihm und lege ihn dann so um halb zehn, zehn Uhr nieder. Das ist die Zeit, wenn mein Mann nach Hause kommt. Da mache ich dann ihm das Abendessen. Um Mitternacht gehen wir meist schlafen.«

Work-Life-Balance ist auch in Japan zum Schlagwort geworden, gern gebraucht von Politikern, die der demografischen Entwicklung hilflos gegenzusteuern versuchen. Die Regierung hat 2008 die »Ära der Work-Life-Balance« ausgerufen und bewirbt ihre Kampagne mit einem niedlichen Comic-Frosch. *Kaeru* bedeutet im Japanischen sowohl Frosch als auch verändern. Bis jetzt ist die Frosch-Kampagne noch ziemlich mickrig.

Nana ist an ihrem körperlichen Limit angelangt. Aber es gehe schon irgendwie, schüttelt sie negative Gedanken ab, sie sei sehr glücklich mit ihrem Kind. Mit ihrem Mann habe sie Arbeitsteilung vereinbart, er wasche die Wäsche und beaufsichtige auch mal Asuki. Vor Kurzem haben sich in ihrer Firma einige Frauen zu einem Netzwerk zusammengefunden. Sie versuchen Verbesserungen durchzusetzen.

Derzeit gibt es rund einen Monat vor und nach der Geburt eines Kindes den gesetzlichen Mutterschutz. Erziehungsurlaub oder Karenz ist nur für ein Jahr vorgesehen, das Einkommen sinkt während dieser Zeit drastisch. Kein Wunder, dass weniger als ein Prozent der japanischen Väter in Karenz geht. Nana kann bei Coca-Cola Japan maximal eineinhalb Jahre Erziehungsurlaub nehmen. Nach dem firmeninternen System bekommt sie derzeit ihr Gehalt noch zu hundert Prozent, obwohl sie schon um sechzehn Uhr zu arbeiten aufhört: »Das kann ich machen, bis mein Kind vier Jahre alt ist. Danach wird mein Gehalt auf achtzig Prozent reduziert.«

Mihoko verfolgt konsequent ihre Karriere an der Universität. Sie trotzt tapfer dem Mobbing ihrer männlichen Kollegen und arbeitet viel. Manchmal fühle sie sich einsam, gesteht sie, aber den Mann für eine gleichberechtigte Partnerschaft nach ihren Vorstellungen hat sie weder in Japan noch in Österreich gefunden. Ihre Freizeit verbringt sie mit Freundinnen und Freunden oder mit ihrer Familie, am liebsten aber bei Rockkonzerten ihrer Lieblingsbands, denen sie durch ganz Japan nachreist. Einmal im Jahr kommt sie nach Wien, forscht weiter über das österreichische Schulsystem der Zwischenkriegszeit und geht abends in den Musikverein. Zwischendurch sitzen wir im Kaffeehaus, reden und lachen. Kurz nach ihrem letzten Besuch kommt ein E-Mail mit einem Link zu einem luxuriös aussehenden Apartment in Kyoto. Was ich davon halte? Ein halbes Jahr später folgt eine kurze, glückliche Vollzugsmeldung: Der Umzug sei geschafft und sie genieße die Freiheit in ihrer neuen Wohnung, die ich mir nun unbedingt bald anschauen müsse.

Asuki ist hungrig. Wir stellen uns auf für ein Abschiedsfoto. Die Mutter packt die Kimonos in Säcke. Wir hieven sie auf das Fahrrad, mit dem mich Mihoko zum Bahnhof begleitet. Wir umarmen uns und zwinkern uns zu.

Nachsatz

Einige der in diesem Buch veröffentlichten Reportagen sind unter anderem Titel im *Spectrum* der Tageszeitung *Die Presse* erschienen. Für die Publikation in diesem Buch wurden alle Texte überarbeitet, aktualisiert und zum Teil erweitert.

Das Zitat in Kapitel »Der Mythos des Aufruhrs« stammt aus: Roland Barthes: L'empire des signes, Editions d'Art Albert Skira, Genève 1970. Hier zitiert aus: Das Reich der Zeichen. Edition Suhrkamp, Frankfurt am Main, 1981. Übersetzung aus dem Französischen von Michael Bischoff.

Um den Lesefluss zu erleichtern, wurde auf die korrekte Umschrift des Japanischen mit Längen- und Betonungszeichen verzichtet. Die Reihenfolge der Namen folgt nicht der japanischen, sondern der westlichen Gepflogenheit: Vorname, Nachname.